# JAPANESE
# InteriorDesign

The Deutsche Nationalbibliothek lists this publication in the Deutsche Nationalbibliografie; detailed bibliographical data are available on the internet at http://dnb.d-nb.de.

ISBN 978-3-03768-076-6
© 2011 by Braun Publishing AG
www.braun-publishing.ch

1st edition 2011

Michelle Galindo (English editing texts)
Marcel Saché (French translation)
Graphic concept: Michaela Prinz, Berlin

# JAPANESE
# Interior Design

Michelle Galindo

BRAUN

# Content | Sommaire

**Preface** Japan embodies the fascinating cross-section of a country endowed with a rich and varied culture, firmly imbued with traditional knowledge, skill and experience. It is the country with the world's tenth-largest population, with Tokyo being the largest metropolitan area of Japan with over 30 million inhabitants. These facts together with the earthquake of 1923 and the bombardments of World War II gave rise to a modern country which continues to re-shape its architectural ground across its urban fabric blurring the boundaries between inside and outside, public and private, up and down. This lack of frontiers and a multitude of restrictions for the exterior challenge the creative designers to choose a plan for the interior; to work around the limited choices for the walls, windows and roof in order to create a new envelope which breaks the boundaries of traditional design and creates a sensuous tailored space.

At first glance, Japanese interior design seems ruled by contradictions. Simple color schemes articulate complex and playful concepts, hyper-modern spaces are created using only traditional materials, and the relationship between nature and human architecture is sometimes tense, sometimes harmonious. Simple lines and muted colors carry the essentials of Japanese culture – tranquility, harmony, and balance with nature

Interior spaces are now seen as "objects" of architectural design. To this day, the architectural industry has separated design, structure, and functions into their own categories and has placed a hierarchy amongst them; however, Japanese designers attempt to break that hierarchy and to create a parallel relationship between them. Japanese interior designers refine their approach to those objects and develop design concepts by pushing the boundaries

Le Japon est un pays fascinant par sa culture riche et variée, alliée à un profond attachement à l'artisanat et au savoir traditionnels. C'est le dixième pays au monde par sa population, l'agglomération de Tokyo comptant plus de trente millions d'habitants à elle seule. Parallèlement, le grand tremblement de terre de 1923 et les destructions de la Seconde Guerre mondiale ont donné naissance à un pays moderne, qui restructure sans cesse un tissu urbain aux limites floues entre l'intérieur et l'extérieur, le dessus et le dessous, l'espace public et la sphère privée. Ces limites fluctuantes, alliées à une réglementation urbanistique contraignante quant aux façades, poussent les architectes japonais à privilégier les intérieurs, à dépasser les concepts habituels en matière de cloisons, de fenêtres et de toits, créant ainsi des espaces sensuels et novateurs qui brisent le carcan de la décoration intérieure traditionnelle.

De prime abord, le design d'intérieur japonais semble régi par des contradictions : ses lignes simples et ses couleurs discrètes s'inscrivent certes dans la tradition culturelle du pays, empreinte de calme, d'harmonie et d'équilibre avec la nature, mais elles expriment aussi des concepts élaborés, tandis que certains intérieurs ultramodernes sont réalisés exclusivement avec des matériaux traditionnels, et que les rapports entre nature et architecture sont tantôt harmonieux, tantôt conflictuels.

D'une manière générale, les intérieurs sont désormais considérés comme des « objets » architecturaux. C'est dû au fait que l'architecture industrielle moderne a établi une hiérarchie entre le design, la structure et les fonctions. Mais les architectes japonais s'efforcent aujourd'hui de briser ces rapports hiérarchiques : ils redéfinissent leur approche des « objets » en question et développent de nouveaux concepts qui repoussent les limites de l'archi-

**Préface** of architecture to create rich environments which reflect their minimalistic way of living and being.

The contemporary interpretations of traditional Japanese interiors as well as extraordinary solutions to the ordinary challenges are represented at a scaled-down dimension across these pages. The creative, future-forward designs, such as the Llove Hotel, creatively respects Eastern design and its philosophy of simplicity by applying emotion, romance and compassion for love to the ingenious interiors. Yuko Nagayama's room design plays with the Japanese interior design concept of "bringing the outside in", by flipping the exterior into the "interior" setting, to harmonize with nature; the bedroom is transformed into a sea of small pebbles furnished by plants here and there. Kayak is another explicit contemporary interpretation of traditional Japanese elements in an innovative 21st century work environment; where a raised floor of tatami mats, with cushions and low tables is used for meetings, and a horigotatsu (dug out) conference table follows the minimalistic traditional aesthetic approach.

This volume presents 47 of Japan's most exciting contemporary interior design projects, with a range of areas that includes hotels, offices, shops, bars, restaurants, and private homes. The interiors presented in this book offer a glimpse into the Eastern design and its philosophy of simplicity: the use of neutral and natural colors to minimize feelings of clutter; furthermore, it reveals the ingenious, minimalistic way of living and being. From world-renowned designers like Jo Nagasaka and nendo to up-and-coming young talents, the Land of the Rising Sun proves to be a land of endless talent and creativity.

tecture et créent de riches environnements reflétant un mode de vie minimaliste.

Le présent ouvrage donne un aperçu de cette réinterprétation moderne de l'intérieur traditionnel japonais et expose divers exemples des solutions inhabituelles apportées à des problèmes ordinaires. Certains intérieurs futuristes, comme ceux du Llove Hotel par exemple, tiennent compte de la tradition d'Extrême-Orient et de son approche philosophique de la simplicité, tout en y intégrant l'émotion et le romantisme — Avec pour résultat un design qu'on pourrait qualifier d'ingénieux. Yuko Nagayama joue quant à lui avec l'idée d' « amener l'extérieur à l'intérieur » afin de mettre l'architecture plus en harmonie avec la nature : le sol de la chambre à coucher devient alors une mer de petits cailloux de laquelle des plantes vertes émergent çà et là. Les locaux de l'agence Kayak, enfin, réinterprètent la tradition de manière explicite pour créer des espaces novateurs résolument modernes : la table de conférence, qui correspond au type traditionnel horigotatsu, se complète de tatamis et de coussins posés sur une estrade, le tout dans un style parfaitement minimaliste.

Au total, quarante-sept intérieurs japonais contemporains sont présentés ici : hôtels, bureaux, bars, restaurants, boutiques et appartements. Ces réalisations illustrent le design d'Extrême-Orient et son goût pour la simplicité : des couleurs neutres et naturelles minimisent le désordre. Et surtout, les œuvres présentées — dues à de jeunes talents ou des designers de renom tels que nendo et Jo Nagasaka — mettent en évidence un style de vie parfaitement minimaliste, tout en affirmant la créativité infinie du pays du Soleil-Levant.

Typical of Japanese interior design is...
to create a refreshing space.

# Sugamo Shinkin Bank Tokiwadai Branch

## Emmanuelle Moureaux Architecture + Design

**Address:** 6-4-14 Maeno-cho Itabashi-ku, Tokyo 174-0063, Japan. **Client:** Sugamo Shinkin Bank. **Completion:** 2010. **Main function:** Bank. **Materials:** Carpet, vinyl flooring (floors) and AEP paint and adhesives colored films (walls).

To create a refreshing space that would welcome customers with a natural, rejuvenating feeling the bank was designed around leaf motifs. ATMs and teller windows are located on the first floor, along with three courtyards and an open space. The second story houses the loan section, reception rooms, offices and four courtyards, while the third floor is reserved for facilities for staff use, including changing rooms and a cafeteria. Thanks to the seven light-filled courtyards planted with trees and flowering plants, each of these spaces is loosely connected to all of the others. A constellation of leaves in 24 different colors growing on the white branches of the walls and glass windows overlaps with the natural foliage of the real trees in the courtyards, creating the sensation of being in a magical forest.

L'utilisation dans tous les locaux d'un motif naturel (des feuilles) a permis de créer une atmosphère rafraîchissante et regénérante dont profitent clients et employés. Les guichets et les distributeurs automatiques de billets sont situés au rez-de-chaussée, où se trouvent également un espace ouvert et trois cours intérieures. Le premier étage est occupé par divers bureaux et quatre autres cours intérieures, tandis que la cafétéria, le vestiaire et plusieurs autres pièces réservées aux employés se trouvent au second étage. Les sept cours végétalisées assurent un bon éclairage naturel de l'intérieur. Les feuilles des arbres et des plantes qui y poussent s'associent aux feuilles de vingt-quatre teintes différentes attachées à des branches stylisées blanches qui agrémentent les murs et les cloisons vitrées, donnant ainsi aux utilisateurs l'impression d'évoluer dans une forêt enchantée.

← Meeting space. Salle de réunion.

↖ Waiting area with chairs in 14 different colors. Salle d'attente avec des sièges de quatorze couleurs différentes.

↑ Façade with windows at different scales. Façade avec des fenêtres de tailles différentes.

← Glass surfaces with leaf motifs. Cloison vitrée décorée avec des feuilles.

→ Loan area with light-filled planted courtyards. Espace de travail donnant sur une cour intérieure végétalisée.

↘ Planted courtyard dividing the offices. Cour intérieure végétalisée.

↘↘ First and second floor plan. Plans du rez-de-chaussée et du premier étage.

Typical of Japanese interior design is...
to incorporate cultural traditions in
innovative working environments.

# Kayak

## Klein Dytham Architecture

**Location:** Tokyo, Japan. **Completion:** 2008. **Main function:** Web Design Firm/ Office. **Materials:** Wood, glass and tatami mats.

The architects have incorporated traditional Japanese architectural elements, together with fluid and innovative elements which they designed for this innovative web design firm. A raised floor of tatami mats, with cushions and low tables for meetings, and with a *horigotatsu* (dug out) conference table are very different from the web industry's typical style and offer a comfortable working environment. The tatami floor is surrounded by a continuous wooden desk that seats up to 40 staff members. A meeting and entertaining space on the upper floor makes a more explicitly contemporary interpretation of tatami mats: in this "space without shoes", a raised floor with mats richly colored sofas citing the agency's staff can meet, discuss or relax.

Les architectes ont intégré des éléments de l'architecture traditionnelle japonaise au concept résolument moderne, fluide et novateur qu'ils ont développé pour les bureaux de ce concepteur de sites Internet. L'estrade recouverte de tatamis, de coussins et de tables de conférence traditionnelles (*horigotatsu)* est très confortable bien qu'assez inhabituelle pour une agence de ce type. Un bureau continu avec quarante postes de travail fait le tour de l'estrade aux tatamis. Au niveau supérieur, les architectes ont par ailleurs conçu un espace qui réinterprète de manière distinctement contemporaine le thème du tatami : dans cet « espace sans chaussures » pourvu de nattes richement colorées évoquant des sofas, le personnel de l'agence peut se réunir, discuter ou se relaxer.

← Conference tables on raised floors with tatami mats and cushions.
Table de conférence sur estrade recouverte de coussins et de tatamis.

↑ Working space encased in glass and surrounded by a wooden desk. Espace de travail vitré entouré d'un bureau en bois.
← Continuous wooden desk with 40 working spaces. Bureau continu avec quarante postes de travail.
→ Meeting space on a raised wooden surface with tatami mats. Espace de réunion sur estrade avec tatamis.
↘ Section. Coupe.

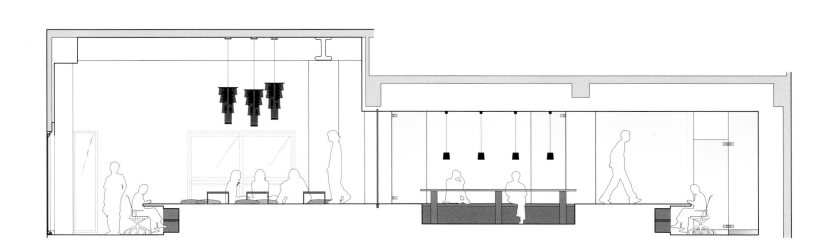

Typical of Japanese interior design is...
to create a sense of privacy
within an open floor plan.

# Meguro Office

nendo

**Location:** Tokyo, Japan. **Completion:** 2007. **Main function:** Office. **Materials:** Wood and glass.

The office is located near the Meguro River in Tokyo, on the fourth floor of an old office building. The clients wanted the usual spaces and functions — meeting space, management, workspace and storage – to be separate, but also to maintain a sense of connection between them. Employees can move between spaces by waiting over the parts of the walls that "sag" the most, thus emphasizing the contrast between the uses of the different spaces. The spaces that need more privacy or soundproofing are enclosed with the kind of plastic curtains found at a small factory; people can then work without worrying about noise but at the same time not feel isolated from the rest.

Ces locaux occupent le quatrième étage d'un immeuble de bureaux ancien construit à Tokyo près de la rivière Meguro. Le client souhaitant des espaces de travail inhabituels, à la fois distincts et interconnectés, les architectes ont séparé la salle de réunion, le magasin et les bureaux des employés et de la direction au moyen de cloisons largement ajourées qu'on enjambe à l'endroit où l'échancrure est la plus basse. Le concept inclut également des espaces insonorisés par des rideaux en plastique tels que ceux utilisés dans les ateliers de production, de sorte que les employés peuvent s'y retirer pour y travailler sans être dérangés.

← Hallway. Entrée.

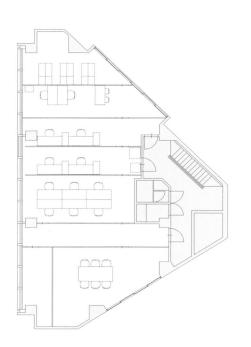

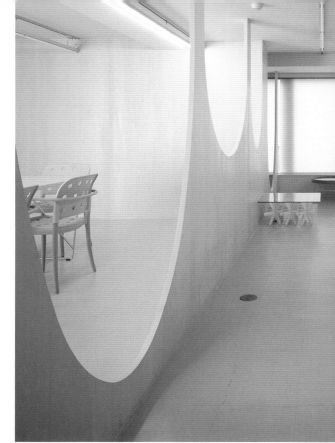

↖ Floor plan. Plan.
↑ Employees move between various working areas by stepping over the lowest points of the partitions. Cloisons entre les divers espaces de travail devant être enjambées là où l'échancrure est la plus basse.
← Detail ceiling lighting. Table, cloison et éclairage de plafond.
→ Walls are meant to evoke waves or cloth sagging to the ground. Échancrures des cloisons évoquant des vagues ou des draps séchant sur un fil.
↘ Office space. Espace de travail.

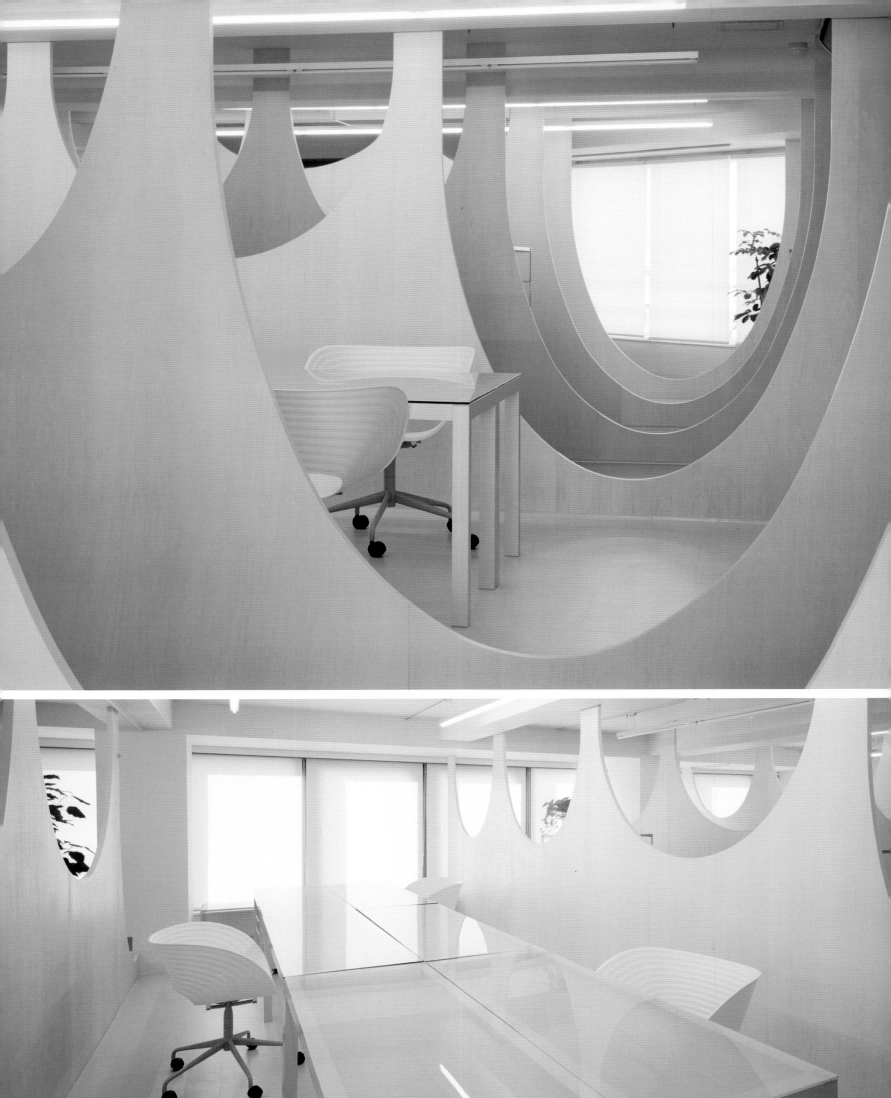

hotel, bar, restau

rant

Typical of Japanese interior design is...
to fuse traditional craftsmanship and
Japanese art with modern design.

# MIXX Bar & Lounge

## CURIOSITY/ Gwanael Nicolas

**Address:** Ana Intercontinental Hotel Toyko 36F, 1-12-33 Akasaka Minato-Ku, Tokyo 107-0052, Japan. **Client:** Panorama Hotels One. **Completion:** 2010. **Lighting designer:** Y2/ Nastuko Yamashita. **Textile designer:** Nuno/ Reiko Sudo. **Materials:** Washed wood, rayskin covering, hammered bronze and stone complemented by textured handcrafted fabrics.

The MIXX Bar & Lounge spans 600 square meters at the top of the 36-floor Intercontinental Hotel in Tokyo. MIXX is a playful exploration of light and shadows offering an atmospheric window over the city. Against a palette of neutral gray-beige are multilayered materials of washed wood, rayskin covering, hammered bronze and stone complemented by textured fabrics handcrafted by textile designer Reiko Sudo of Nuno. This space combines traditional Japanese craftsmanship and modern design to discreetly highlight the rich cultural traditions: the entrance, dominated by white fabric sculptures reflected in mirrors, is a sort of "gate of the light", while the floors are completely covered in a uniquely designed carpet whose hues and patterns evoke the natural outdoor moss formations of a traditional Japanese garden.

Ce bar occupe six cents mètres carrés au trente-sixième étage de l'hôtel Intercontinental de Tokyo. Jouant avec des effets d'ombre et de lumière, il dispose d'une fenêtre panoramique donnant sur la ville en contrebas. La décoration intérieure se caractérise par toute une palette de tons gris-beige et l'utilisation de matériaux très divers : bois délavé, peau de requin, bronze martelé, textiles conçus et produits par Reiko Sudo/Nuno. Cet espace associe l'artisanat traditionnel japonais et le design moderne pour mettre discrètement en valeur les riches traditions culturelles du pays : l'entrée, dominée par des sculptures en tissu blanc se reflétant dans des miroirs, constitue une sorte de « porte de la Lumière », tandis que le sol est entièrement recouvert d'une moquette évoquant la mousse des jardins japonais.

← Entrance with white fabric sculptures reflected through mirrors.
Entrée décorée avec des sculptures en tissu blanc se reflétant dans des miroirs.

↖ Carpet evoking the natural outdoor moss formations of a traditional Japanese garden. Moquette évoquant la mousse des jardins traditionnels japonais.

↑ 10-meter long signature bar counter. Bar de dix mètres de long.

← Sofas tucked snugly into the zig-zag line of windows. Banquette suivant la ligne brisée du mur extérieur.

→ View to artwork hanging from ceiling. Banquette et mobile accroché au plafond.

↘ Interior view. Vue d'ensemble.

↘↘ Floor plan. Plan.

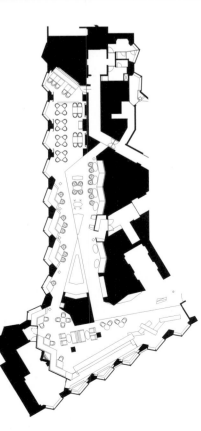

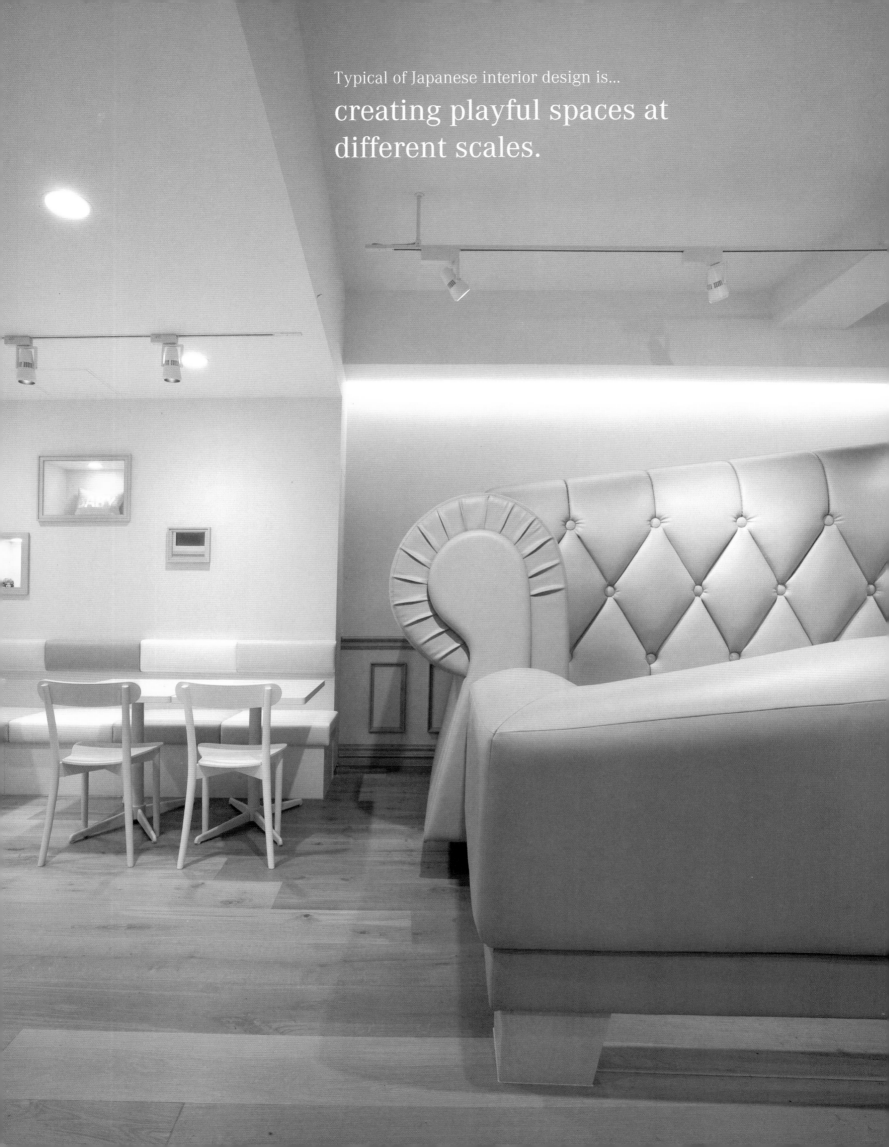

Typical of Japanese interior design is...
# creating playful spaces at different scales.

# Tokyo Baby Café

## nendo

**Address:** 4-5 12-B1F Jingumae, Shibuya-ku, Tokyo 150-0001, Japan. **Completion:** 2009. **Main function:** Restaurant/ Café. **Materials:** Wood and scaled up sofas.

The decoration of the café reflects the different perspectives of two different users: children and their parents who see the world in two different scales. Take a table for example: adults live their lives aware of tabletops, and the things placed on top of them, but children see the table's underside. A table's legs can look like pillars, and the reverse of the tabletop is like a roof. The cafe's "absolutely huge" and "absolutely tiny" furnishings take advantage of these two perspectives, the adult's and the child's. A nursing sofa becomes a playroom when blown up on a massive scale, and a diaper changing table when shrunk to minuscule proportions. Big windows pair with small ones, and big light bulbs with small ones.

La décoration de ce café tient compte des perspectives propres aux deux groupes cibles : les enfants et leurs parents, qui perçoivent le monde de deux manières différentes. Prenons les tables, par exemple : les adultes considèrent principalement les objets qui sont posés dessus, tandis que les enfants les voient plutôt par le dessous, les pieds apparaissant alors comme des piliers et le plateau comme une sorte de toit. Les objets « géants » ou au contraire « lilliputiens » qu'on voit ici tiennent compte de ces deux perceptions différentes : un divan surdimensionné fonctionne comme un espace de jeu auprès duquel une table à langer semble minuscule ; fenêtres et lampes sont tantôt grandes, tantôt petites.

← Interior with an enormous, scaled up sofa. Espace avec divan surdimensionné.

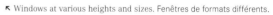

↖ Windows at various heights and sizes. Fenêtres de formats différents.
↑ View to staircase. Vue de l'escalier.
← Entrance way. Entrée.
→ A massive nursing sofa becomes a playroom. Divan surdimensionné
fonctionnant comme un espace de jeu.
↘ Interior plays with children's and adult's perspective. Décoration
jouant avec les perspectives propres aux enfants et aux adultes.
↘↘ Restroom. Toilettes.

Typical of Japanese interior design is...

# allowing white minimalism
# to dominate the interior.

# Screen Hotel

## Seki Architect Office

**Address:** 640-1 Shimogoryomaecho Nakagyo-ku, Kyoto 604-0995, Japan. **Completion:** 2009. **Main function:** Hotel. **Materials:** Wood, primary-hued washi paper umbrellas and Tetsuei Nakamura's Nihonga-style paintings.

Hotel Screen in Kyoto is a study project in modernity. Smooth gray stones and large glass windows fit together in a series of overlapping planes, creating an irregular façade full of balconies and terraces. The reception area inside is clean, straight-lined and unadorned. Natural light floods through the area's floor-to-ceiling windows, providing a pleasant contrast to the all-white walls, sofas and tables, which in turn highlight the lobby's few strategically placed elements of color, most notably, an elaborate gold and sapphire chandelier and a lacquered red reception desk. A different artist or designer individually conceived each of Screen's 13 guestrooms and, as such, each has a completely distinctive feel.

Cet hôtel de Kyoto est un exemple de modernité. L'extérieur se caractérise par des pierres lisses dans des tons gris, ainsi que par de grandes surfaces vitrées créant une façade sur plusieurs plans agrémentée de balcons et terrasses. La décoration de la réception est claire, linéaire et sobre. Des cloisons entièrement vitrées assurent un bon éclairage naturel de l'intérieur, où le blanc des murs, des sièges et des tables contraste avec quelques éléments colorés positionnés à des endroits stratégiques, notamment un guichet en laque rouge et un lustre doré richement agrémenté de saphirs. Chacune des treize chambres de cet hôtel a été décorée par un artiste différent et propose donc une atmosphère qui lui est propre.

← Lobby featuring Kotaro Nishibori's primary-hued washi paper umbrellas. Réception avec des lampadaires intégrant des ombrelles en papier créées par Kotaro Nishibori.

↖ Lounge divided by a shoji screen. Foyer avec écrans shoji formant cloisons .
↑ Guestroom. Vue d'une chambre.
← Tetsuei Nakamura's Nihonga-style paintings of camellia in French-Japanese restaurant Bron Ronnery. Décor de camélias en style nihonga peint par Tetsuei Nakamura dans le restaurant franco-japonais « Bron Ronnery ».
→ Suite. Suite.

RONÓ

Typical of Japanese interior design is...
to emphasize the product by
using muted colors.

# RONÓ

## Hiroyuki Miyake

**Location:** Nagoya, Japan. **Completion:** 2007. **Main function:** Ice-cream shop. **Materials:** Mirrored and tiled walls.

The new ice-cream parlor looks more like a funeral parlor. The shop, designed for ice-cream-makers Ronó in Nagoya has a stark, colorless interior that is the antithesis of a traditional Italian gelateria. The shop is arranged around a sharp-edged, clinical white counter. The walls are uniformly tiled, with the exception of one seamless mirrored wall. The mirrored wall creates two illusions, doubling the size of a small space and making a simple black picture frame and its contents appear to float in mid-air. The shop's glass façade features simple patterns taken from Italian paneling and vaults.

Ce café-glacier de la ville de Nagoya a la froideur d'une morgue. Sa décoration monochrome, aux antipodes de celle d'une gelateria italienne traditionnelle, s'organise autour d'un comptoir d'un blanc d'hôpital. Les murs sont entièrement carrelés et la façade sur rue, entièrement vitrée, fonctionne comme un miroir vue de l'intérieur, ce qui contribue à agrandir l'espace visuellement. Cette façade vitrée figure par ailleurs une porte en arche et des panneaux rappelant les lambris italiens, tandis qu'un grand miroir pourvu d'un cadre noir donne un aspect irréel aux images qui s'y reflètent.

← Front view from ice-cream counter. Vitrine réfrigérée.

↖ Framed mirror. Grand miroir avec cadre noir.
↑ Glass façade reflection with Italian panelling and vaults patterns.
Façade vitrée avec panneaux évoquant des lambris italiens.
← View to glass façade and seamless mirrored wall. Façade sur rue
entièrement vitrée.
→ Interior view with a white counter. Intérieur avec comptoir blanc.
↘ Detail of ice-cream display. Gros plan sur le comptoir.
↘↘ Exterior view by night. Extérieur vu de nuit.

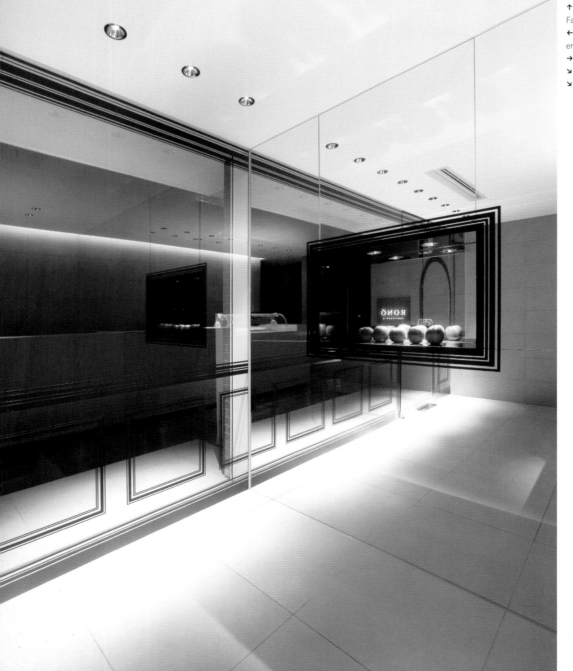

Typical of Japanese interior design is...
## to mimic natural forms to create a simple and minimalistic interior.

# Hoto Fudo

## Takeshi Hosaka Architects

**Location:** Fuji Kawaguchiko, Minamituru-gun, Yamanashi, Japan. **Completion:** 2009. **Structural Engineer:** Ove Arup & Partners Japan Ltd. / Hitoshi Yonamine. **Main function:** Restaurant. **Materials:** RC shell and wood.

The project was planned on a site with two sides facing trunk roads and a view of Mount Fuji to the south. The building, based on soft geometry, seems to belong to such natural objects as mountains and clouds. By continuously employing innumerable polygon mesh points, the shape responds well to rainwater, which flows off the undulations. The building has no air conditioning and is open to external conditions for most of the year. The curved acrylic sliding door is closed only during strong winds and the coldest season. Lighting is discreet and is designed to avoid the gathering of insects in the evenings.

Ce bâtiment a été construit sur un terrain bordé par deux routes offrant au sud une vue sur le mont Fuji. Par sa géométrie aux formes souples, il s'apparente à des objets naturels tels que nuages et collines. L'enveloppe a été conçue sur la base d'un maillage polygonal afin d'assurer une bonne évacuation de l'eau de pluie sur les ondulations. Largement ouvert sur l'extérieur durant la plus grande partie de l'année, le bâtiment n'est pas équipé de climatisation : les portes coulissantes en matériau acrylique ne sont fermées que par grand vent et au cœur de l'hiver. L'éclairage, au design discret, a été spécialement conçu pour éviter d'attirer les insectes.

← Igloo-like exterior with view into interior. Vue de l'intérieur abrité par une structure de type « igloo ».

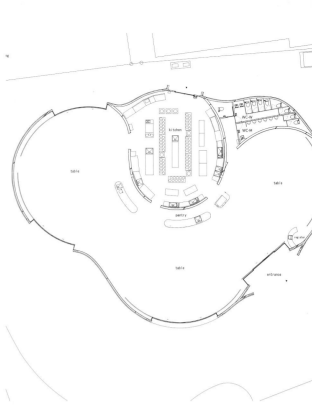

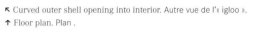

↖ Curved outer shell opening into interior. Autre vue de l'« igloo ».
↑ Floor plan. Plan .
← Interior teak wood furnishing. Meubles en teck.
→ Dining area. Salle de restaurant.
↘ Exterior view by dusk with view to Mount Fuji. Extérieur au crépuscule avec le mont Fuji à l'arrière-plan.

Typical of Japanese interior design is...
# to create perspectives which provide tranquility.

# Nowhere but Sajima

## Yasutaka Yoshimura Architects

**Address:** 3-10-8, Sajima-cho, Yokosuka-city, Kanagawa 240-0103, Japan. **Client:** Nowhere Resort. **Completion:** 2009. **Main function:** Vacation rental residence. **Materials:** Reinforced concrete, stone, wood and shiny slate blue flooring.

This holiday residence is located in Yokosuka, Kanagawa on the Pacific coast with views to Mount Fuji. The main project's concern was finding a way to make the space open to the outside world and its exceptional views without compromising privacy and solitude. As a result, the home features a tunnel-like design that "not only controls the line of sight, but its perspective also creates a picture-frame effect to the view seen from the aperture." There are many details that threaten to steal the show, but the showstopper is the combination of floor-to-ceiling windows coupled with shiny slate blue flooring that gives the effect of an infinity pool dropping off into the ocean.

Cette résidence de vacances est située à Yokosuka Kanagawa, station balnéaire de la côte Pacifique avec vue sur le mont Fuji. La tâche des architectes consistait à créer des logements offrant l'intimité requise, tout en ménageant des vues sur un site magnifique. Ils y sont parvenus en concevant des ouvertures qui fonctionnent comme des cadres venant mettre en valeur la nature environnante. De grandes baies vitrées allant du sol au plafond, associées à un revêtement de sol brillant en ardoises bleues, donnent l'impression d'être dans une gigantesque piscine se fondant dans l'océan.

← The building juts out onto the pacific ocean. Logement avec vue panoramique sur l'océan Pacifique.

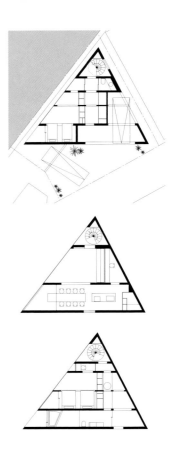

↖ Sofa designed by nendo. Divan conçu par nendo.

↑ Floor plans. Plans des trois étages.

← Guestroom on third floor with ocean views. Logement du troisième étage avec vue sur l'océan.

→ Bedrooms on the ground floor open directly onto the ocean. Logement du rez-de-chaussée donnant directement sur le Pacifique.

↘ The lounge with a bookshelf sliding door. Séjour avec porte coulissante garnie d'étagères.

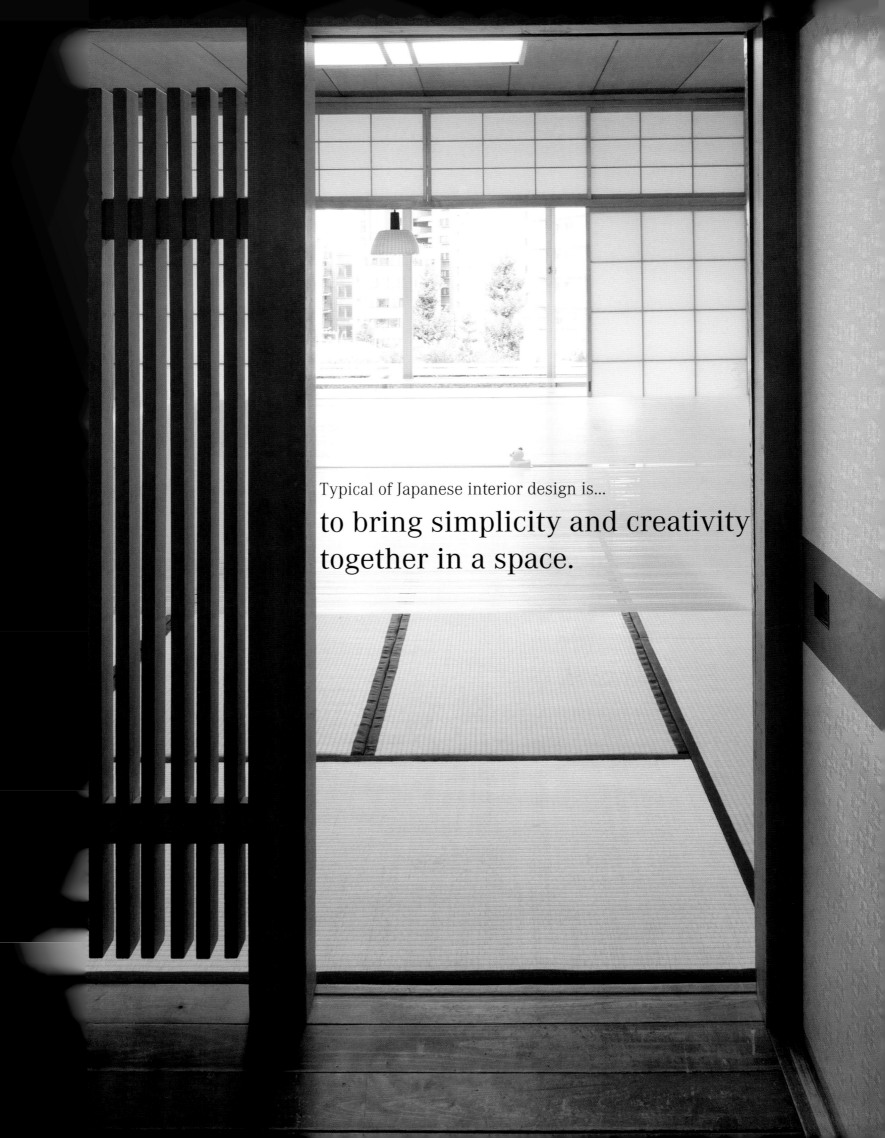

Typical of Japanese interior design is...

**to bring simplicity and creativity together in a space.**

# Llove Hotel

## Jo Nagasaka + Suzanne Oxenaar

**Address:** Daikanyama i Studio, Ebisu-nishi 1-36-10 Shibuya-ku, Tokyo, Japan. **Completion:** 2010. **Creator coordination:** CIBONE (room #308). **Main function:** Hotel, café and shop. **Materials:** Wood, tatami mats, shoji screens, tape (room #307) and concrete.

The hotel was built to commemorate four centuries of relations between Japan and the Netherlands, it has been designed as an exhibition: to visit, eat and spend the night there. Curator Suzanne Oxenaar, Artistic Director of the Lloyd Hotel & Cultural Embassy, commissioned Japanese and Dutch designers to decorate fourteen different rooms with fourteen different concepts. For example, Yuko Nagayama's "Buried" guestroom contains pebbles which prove difficult to walk on, but guests must get used to during their stay. "The space does not adapt itself to you, but you adapt to it," explains Nagayama. "Layers", by Richard Hutten, where the bed is the only piece of furniture in the room and the carpet floor tiles represent different moods and functions of the hotel room, also represented in a layered manner.

Cet hôtel construit pour commémorer quatre siècles de relations entre le Japon et les Pays-Bas a été conçu comme une exposition : on peut le visiter, s'y restaurer et y passer la nuit. Suzanne Oxenaar, directrice artistique du Lloyd Hotel d'Amsterdam, a chargé des designers nippons et néerlandais de décorer de manière différente les quatorze chambres du Llove Hotel. Celle créée par Yuko Nagayama (« Buried ») est pourvue d'un revêtement de sol en gravier sur lequel marcher requiert un temps d'adaptation, le décorateur ayant précisé : « Ce n'est pas l'espace qui doit s'adapter au client mais le contraire ». Citons encore la chambre « Layers », œuvre de Richard Hutten dont la décoration évoque des strates et dont l'ameublement se limite à un lit constitué de matelas empilés.

← Room #304 "Pond" by Ryuji Nakamura. Chambre n° 304 (« Pond »), par Ryuji Nakamura.

↖ Room #307 "Layers" by Richard Hutten. Chambre n° 307 (« Layers »), par Richard Hutten.
↑ Room #303 "Rotating Bed" by Jo Nagasaka. Chambre n° 303 (« Rotating Bed »), par Jo Nagasaka.
← Room #302 "Buried" by Yuko Nagayama. Chambre n° 302 (« Buried »), par Yuko Nagayama.
→ Room #308 "in LLove" by Pieke Bergmans with bed crawling up wall. Chambre n° 308 (« in Llove »), par Pieke Bergmans, avec un lit extra-long montant jusqu'au plafond.
↘ Café. Café.
↘↘ Round bed in room #303 by Jo Nagasaka. Chambre n° 303, par Jo Nagasaka, avec lit circulaire.

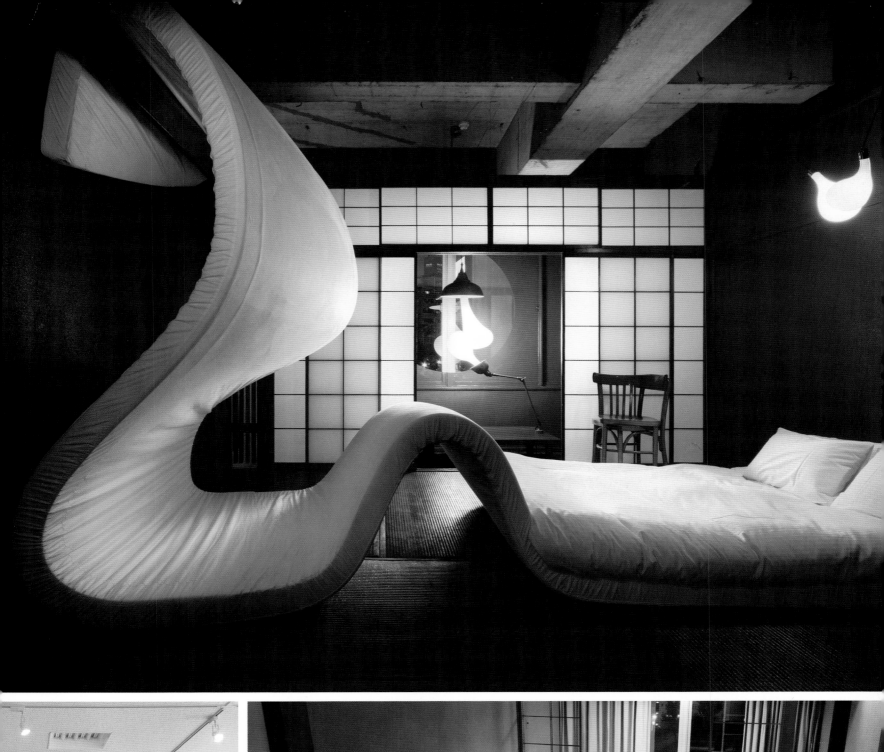

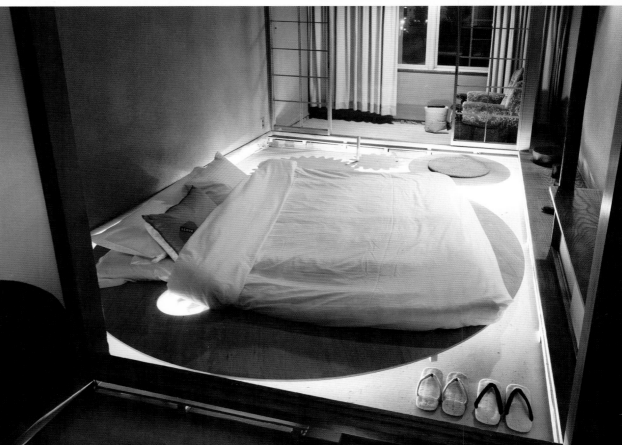

Typical of Japanese interior design is...
# finding efficient, elegant solutions to expand the interior.

# Café la Miell

## suppose design office

**Location:** Niihama city, Ehime, Japan. **Completion:** 2006. **Main function:** Coffee shop. **Materials:** Concrete, glass and wood.

This café lacked space to accommodate all of its customers. The owner asked the architects to build an annex of eighty seats. They used the low elevation of land (one meter) to design a non-conventional two-story building, but a split-level with one floor at the building's base level, and one at the street level. While the back wall bordering the parking lot is completely opaque, the café's concrete and the open glass allow light to flood into the seating area.

Ce café manquait de place pour accueillir tous ses clients. Le propriétaire a donc chargé les architectes de construire une annexe de quatre-vingt places. Ils ont utilisé le faible dénivelé du terrain (un mètre) pour concevoir non pas un bâtiment de deux étages conventionnel, mais espace sur deux niveaux, dont un à la hauteur de la rue. Tandis que le mur arrière bordant le parking est entièrement opaque, le mur-toit en béton couvrant la salle s'ouvre largement sur l'extérieur de manière à offrir un bon éclairage naturel.

← Double-height seating area. Salle avec grande hauteur de plafond.

↖ Exterior view by night. Extérieur de nuit.
↑ View to new seating area. Nouvelle salle.
← Existing café. Ancien café.
→ View to angled concrete roof and courtyards. Mur-toit en béton s'ouvrant sur la cour.
↘ New space at the building's base level. Nouvel espace au rez-de-chaussée.

Typical of Japanese interior design is...
## to give life to a historic structure.

# Ginzan Onsen Fujiya

## Kengo Kuma & Associates

**Location:** Yamagata, Japan. **Completion:** 2007. **Main function:** Hotel. **Materials:** Wood, acrylic emulsion paint (paints and stains), Urethane clear paint, Japanese rice paper (wall coverings) and coral gray stone (floor and wall tile).

The task of the architects was to "renew in depth" a wooden hotel on three floors, while retaining some elements of the original building. Accordingly, the existing structure was preserved by removing the concrete parts that had been added when the hotel was enlarged, and checking every single wooden part to replace the worn pieces with new wood to enhance the building's earthquake-resistance. The façade of this century old hotel was also renovated, while the interior was reorganized by the insertion of an atrium. This atrium is surrounded by a delicate screen made of 4 mm-wide slits of bamboo (*Sumishikoo*), while Dalle de Verre, an almost-transparent stained glass, is fit into the opening that faces the outside.

La tâche des architectes consistait à « rénover en profondeur » un hôtel en bois sur trois niveaux, tout en conservant certains éléments du bâtiment d'origine. En conséquence, on a supprimé des parties en béton rajoutées lors de travaux d'agrandissement, puis vérifié tous les éléments en bois et remplacé ceux qui en avaient besoin afin de renforcer la résistance aux tremblements de terre. La façade de cet hôtel centenaire a elle aussi été rénovée, tandis que l'agencement intérieur était modifié, notamment avec l'ajout d'une dalle de verre près de l'entrée et d'une verrière entourée d'un rideau composé de lattes en bambou de quatre millimètres de large (*sumishikoo*).

← Wooden bathtub. Baignoire en bois.

↑ Restaurant. Restaurant.
← Spa. Spa.
→ Guestroom. Chambre.
↘ Floor plans. Plans des différents niveaux.
↘↘ Suite. Suite.

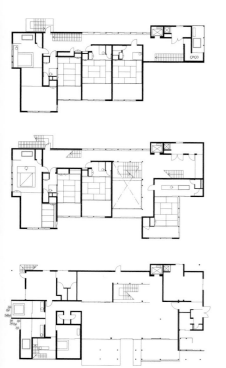

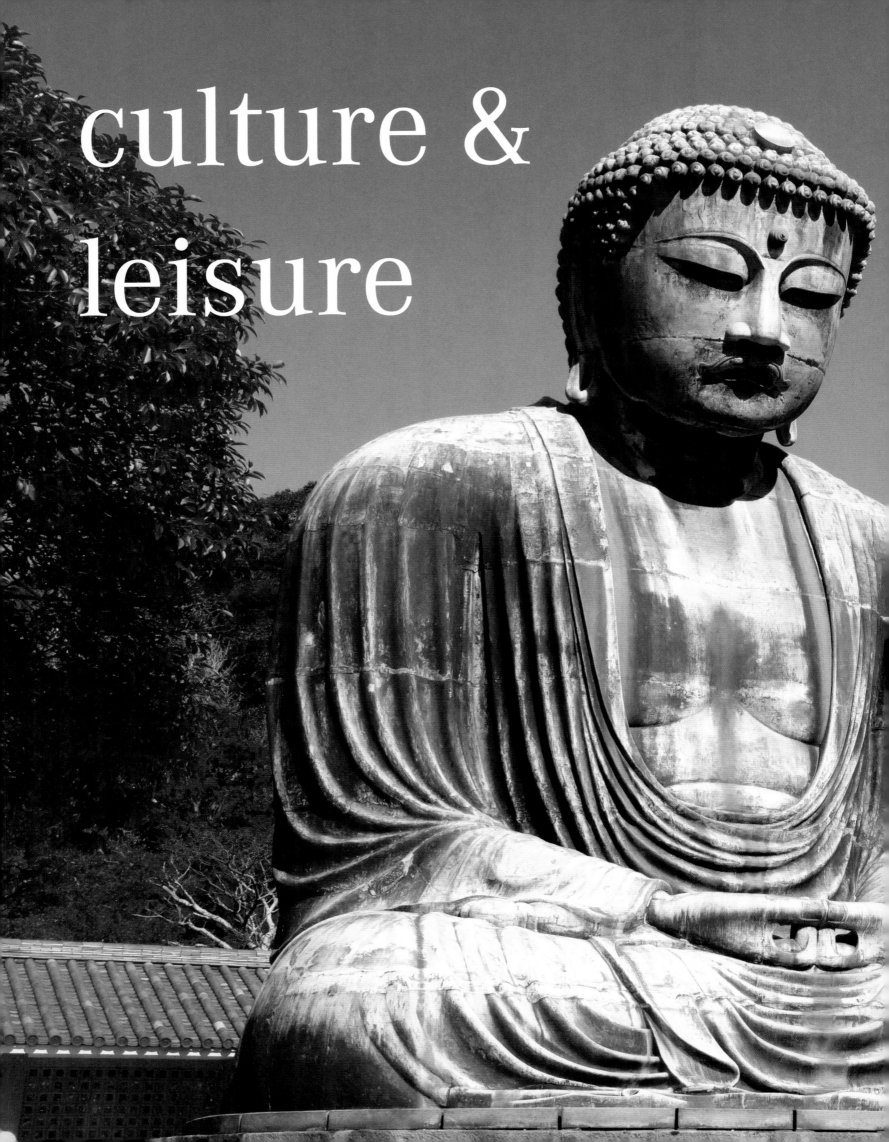

culture &
leisure

Typical of Japanese interior design is...
to expose a gradient of different
textures within a space.

# kilico.

## Makoto Yamaguchi

**Address:** 20-17 BF Daikanyama-cho Shibuya-ku, Tokyo, Japan. **Client:** Kilico. **Completion:** 2009, original: 1983. **Lighting designer:** Luxie/ Mayumi Kondo. **Main function:** Hair salon. **Materials:** Concrete and mortar (floors), concrete and concrete block (walls).

This hair salon with a skylight has been built in the basement of a commercial building constructed in 1983. The designers have incorporated into their concept traces left by previous tenants, painted the walls over in white and filled the depressions of various sizes with mortar. The surface of a concrete block gradually changes into a surface riddled with holes that probably appeared when it was dismantled which then follows into a panel with a completely flat and even finish, ending up as a fairly flat surface at the very bottom.

Ce salon de coiffure disposant d'un éclairage zénithal a été aménagé au sous-sol d'un bâtiment commercial construit en 1983. Les décorateurs ont intégré à leur concept les traces laissées par les locataires antérieurs, se contentant de repeindre les murs en blanc et de reboucher au ciment les trous du sol. De même, on aperçoit sur certains murs en béton des irrégularités laissées lors de la démolition d'une cloison, auxquelles succède au niveau du sol une surface parfaitement lisse.

← View into hair washing area. Vue de l'espace avec lavabos.

↖ Patched floor and white walls with various textures. Sol avec irrégularités et murs blancs présentant des textures diverses.
↑ White furniture, lighting and mirrors. Murs, sol, sièges, miroirs et lampes uniformément blancs.
← View to stylists working area. Autre vue du salon de coiffure.
↓ Floor plan. Plan.
→ Reception with skylight. Réception avec éclairage zénithal.

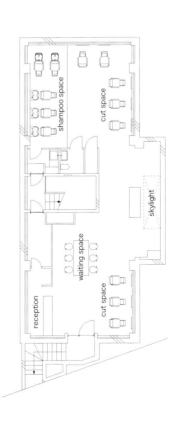

reception

waiting space

shampoo space

cut space

cut space

skylight

Typical of Japanese interior design is...
to bring nature into the interior.

# MORI x hako

## UID architects

**Location:** Fukuyama-city, Hiroshima, Japan. **Completion:** 2009. **Main function:** Doctors' practice. **Materials:** Wood.

This project aimed to rethink the priorities of a multi-tenant building. It houses a dental clinic on the first floor and a salon and office on the second. These facilities are housed in two boxes oriented towards the east and west, with a third box in the middle containing a staircase and a forest. The four walls formed by this layout and the layered openings between the boxes create a sense of integrated diversity. These openings create open spaces, while protecting the privacy of the residents. The size and placement of the seemingly random windows is the result of careful consideration of the function of the interior spaces.

La tâche des architectes consistait à repenser les priorités d'un immeuble locatif, occupé par un cabinet dentaire au rez-de-chaussée et des bureaux au premier étage. Le bâtiment se compose de deux volumes orientés à l'est et à l'ouest, avec entre eux un troisième volume abritant l'ascenseur et un espace végétalisé. Cette disposition et les ouvertures ménagées entre les différents volumes génèrent une impression de « diversité intégrée », les espaces ouverts ménageant toutefois l'intimité des occupants. La taille et l'emplacement des fenêtres ont été déterminés non pas au hasard, comme on pourrait le croire de prime abord, mais au terme d'une étude minutieuse tenant compte des différentes fonctions.

← Wooden desk with perforations for trees. Bureau en bois avec des perforations pour les plantes.

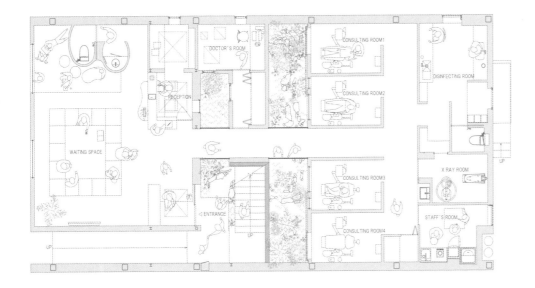

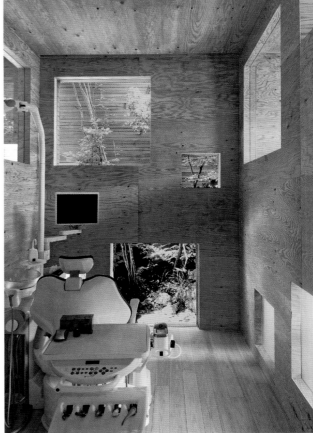

↖ Floor plan. Plan.
↑ Treatment room. Cabinet dentaire.
← Staircase with window openings. Escalier avec fenêtres.
→ View to planted courtyard. Espace végétalisé.

Typical of Japanese interior design is...

to find the combination between
open space and solid volumes.

# Shiro

## 1980/ Takuya Hosokai

**Location:** Fukui, Japan. **Client:** aPreko. **Completion:** 2006. **Main function:** Hair salon. **Materials:** Concrete, ceramic tiles and Japanese tatami (floors).

Unlike a typical approach to beauty salon design, Shiro does not follow the concept of ensuring that "every space is connected on one floor." Instead, this building is designed to "connect and divide using virtual separations in three dimensions". These virtual separations are created in three dimensions using a combination of open space and of solid volumes. Whilst the initial entrance, the waiting space, is four meters in height, the "shampoo space" on the first and second floor is just 2.5 meters high. The void spaces on the other hand, vary in size from three to seven meters in height and add to the dynamic and extraordinary space.

Ce salon d'esthétique est atypique dans la mesure où toutes les pièces ne sont pas interconnectées et au même niveau mais cloisonnées et réparties sur plusieurs étages, le « cloisonnement virtuel en trois dimensions » étant réalisé à l'aide de volumes pleins et d'espaces vides. Le plafond est à quatre mètres du sol dans le hall d'entrée, mais à deux mètres cinquante seulement dans les « espaces shampooing » du rez-de-chaussée et du premier étage. Quant aux espaces vides situés entre les différents volumes, qui varient de trois à sept mètres cinquante, ils contribuent à dynamiser ce lieu parfaitement exceptionnel.

← Waiting area. Hall d'entrée.

↖ View to first floor from mezzanine level. Rez-de-chaussée vu de la mezzanine.
↑ View from third floor. Vue plongeante depuis le second étage.
← Exterior view. Extérieur.
→ Haircut and washing stations. Espace coiffure.
↘ Floor plans and sections. Plans et vues en coupe.
↘↘ View to staircase and treatment room. Escalier et espace de traitement.

Typical of Japanese interior design is...
to bring an existing structure back to
live with the use of light and shadow.

# Tokinokura Lavatories Shimodate

Shuichiro Yoshida

**Address:** Chikusei-shi Kou 939, Ibaraki, Japan. **Client:** Tokinokai Shimodate. **Completion:** 2009. **Structural designer:** Jiro Takagi. **Main function:** Public lavatories. **Materials:** Interior wall finish "Shikkui" (a traditional Japanese plaster material), glass and stone.

This small double-height lavatory structure contains a common sink which is placed between the space reserved for men and women. Triangular panels in the ends and one side of the upper section are glazed, while wooden beams support the sloping roof of this 8.64 square meter space. This small building leans against a stone existing warehouse that now houses the headquarters of a volunteer group. Visitors in the lavatories can experience a quiet and rich feeling, enjoying the soft light from the upper window and the framed view of the old stonewall of Tokinokura.

Dans ces toilettes tout en hauteur et en longueur d'une surface de 8,64 mètres carrés, un lavabo commun est disposé entre l'espace réservé aux femmes et celui des hommes. La façade se caractérise par une bande vitrée située juste au-dessous du toit à une pente et charpente en bois. Cette petite construction a été adossée à un entrepôt en pierre préexistant qui abrite aujourd'hui les bureaux d'une ONG. Le mur en pierre et l'éclairage zénithal confèrent à ces toilettes une atmosphère particulièrement agréable.

← Mirror and washbasin. Lavabo et miroir.

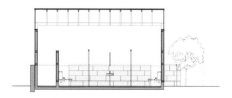

←← Interior view. Intérieur.
← Interior, women's washroom. Intérieur, toilettes des femmes.
↑ Plan and section. Plan et vue en coupe.
↖ Approach to the lavatory space. Entrée des toilettes.
↓ Exterior view. Extérieur.

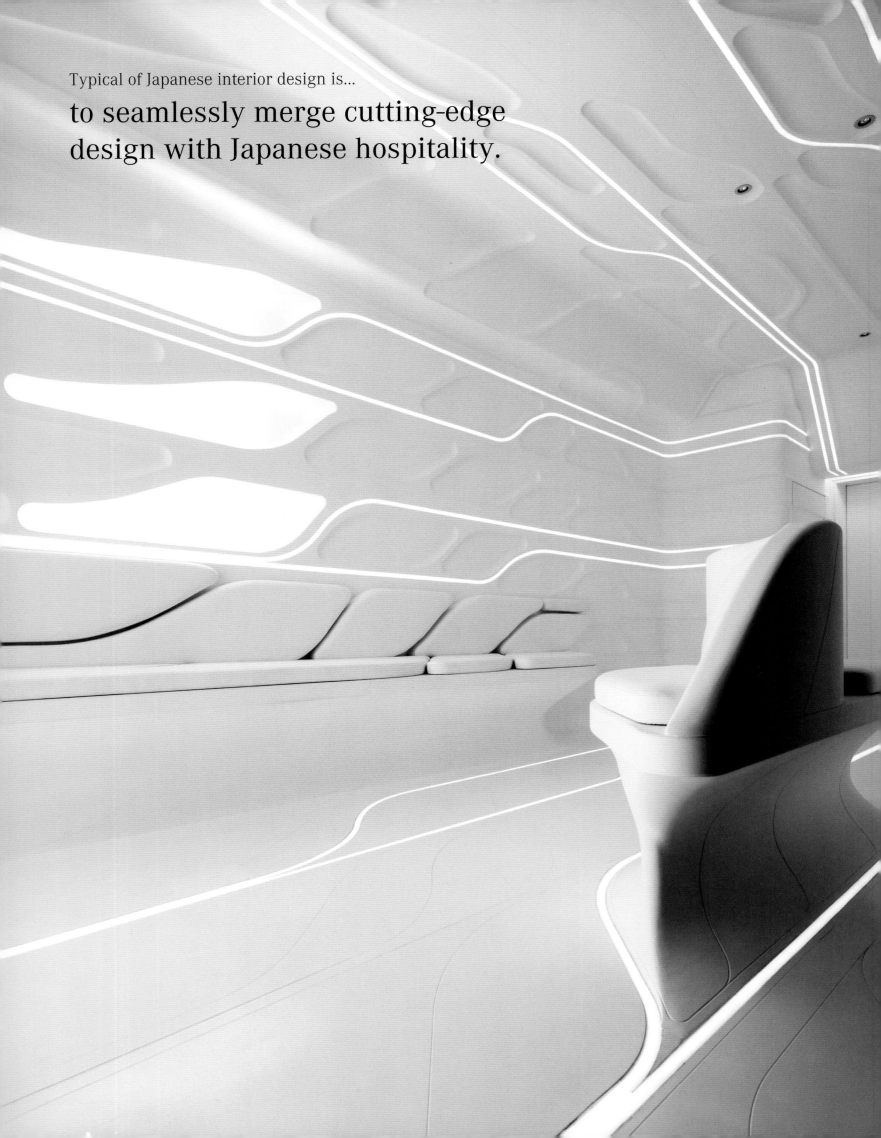

Typical of Japanese interior design is...
## to seamlessly merge cutting-edge design with Japanese hospitality.

# IWI Orthodontics

## Ali Rahim and Hina Jamelle/ Contemporary Architecture Practice

**Location:** Omotosando, Tokyo, Japan. **Completion:** 2010. **Main function:** Medical clinic, Orthodontics. **Materials:** High performance epoxy polyurethane coating (flooring), sterilization room vinyl floor tile, plastic laminate in sterilization room, Lutron Lighting Controls, Electronic Shades (ligthing).

Looking more like a hip cocktail or airport lounge, the minimalist waiting room at IWI Orthodontics is outfitted to provide patients with relaxing, contemporary surroundings complete with sleek, upholstered built-in seating, fluid strips of LED lighting implanted in the walls, access to a grassy outdoor terrace, and lots of daylight from the glass doors. The clinic specializes in an orthodontic implant system patented by its head doctor. As dazzling as a perfect smile, IWI Orthodontics makes a bold impression with its innovative office space featuring a sleek interior that seamlessly merges cutting-edge medical technology with gracious Japanese hospitality.

Ce cabinet dentaire pourvu de sièges intégrés et de murs éclairés par des bandes de LED offre aux patients un décor relaxant dont l'atmosphère contemporaine évoque plutôt un bar à la mode ou un foyer VIP d'aéroport. Un mur entièrement vitré donne sur une terrasse végétalisée et assure un bon éclairage naturel de l'intérieur. Charmante comme un sourire, la décoration particulièrement élégante du cabinet dentaire IWI Orthodontics fait une bonne impression à long terme. Spécialisé dans un type d'implant breveté par le médecin-chef, ce cabinet dentaire novateur se caractérise par un design lisse faisant une synthèse harmonieuse entre la haute technologie et l'hospitalité japonaise traditionnelle.

← Waiting room as a lounge. Salle d'attente/foyer.

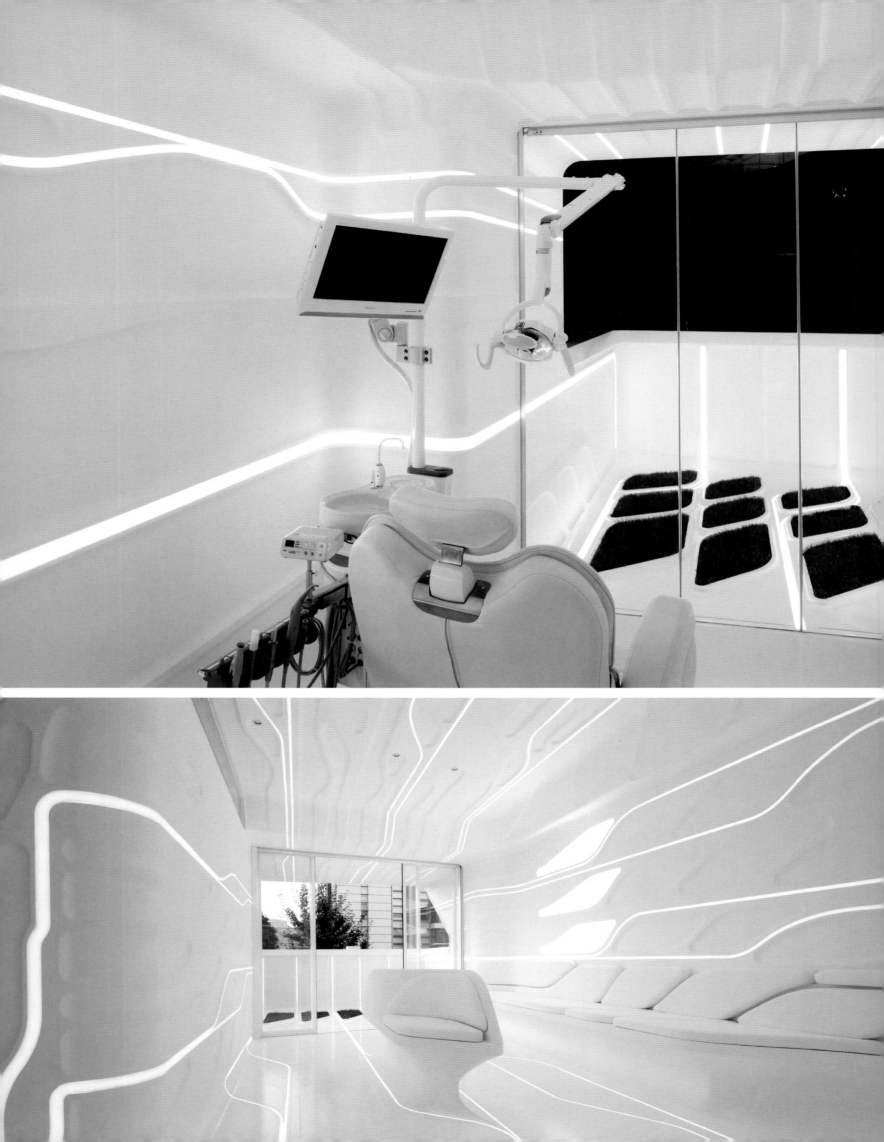

←← Treatment room. Salle de traitement.
↙↙ View to waiting room with fluid strips of LED lighting implated in walls. Salle d'attente avec lignes de LED intégrées aux murs.
← Detail of built-in-seats. Gros plan sur un siège intégré.
↙ View to interior from grassy outdoor terrace. Intérieur vu de nuit à partir de la terrasse végétalisée.
↓ Detail wall. Gros plan sur un mur.

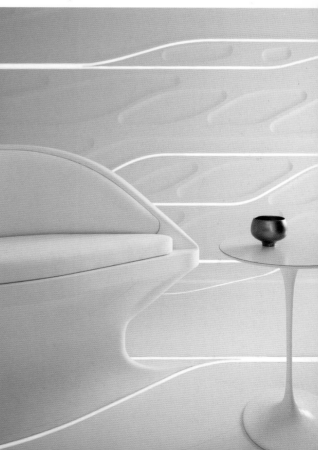

Typical of Japanese interior design is...
## to create a simple and minimalistic interior.

# Salon O

## Tao Shiotsuka Atelier

**Location:** Omotosando, Tokyo, Japan. **Completion:** 2008. **Main function:** Beauty salon. **Materials:** Glass and concrete.

Salon O is a hair salon built in the suburbs of Oita city. The structure is greatly influenced by mountainous landscapes and "paper-cutting" and these themes are highly visible both on the façades and in the interior. Repetition of the same motif creates a distinctive look that deviates from standard hair salons. Simple façades with large windows following the shape of the façade itself generate an atmosphere of serenity that is only enhanced by the soft lights and spaciousness of the interior. There is a strange and inexplicable sense of "fictiveness" that emanates from the structure.

Les façades et la décoration intérieure de ce salon de coiffure implanté en banlieue présente une décoration largement inspirée par des paysages de montagne et les techniques traditionnelles de papier découpé. La répétition de ces motifs confère au Salon O une ambiance bien distincte de celle rencontrée habituellement dans les salons de coiffure, ambiance caractérisée par une sérénité due principalement aux grandes ouvertures qui suivent le contour des façades, à la douceur de l'éclairage et au caractère vaste de l'intérieur. D'une manière générale, ce design génère une sensation bizarre et inexplicable de « fictivité ».

← Interior wall openings. Intérieur avec murs percés de grandes ouvertures.

↖ Styling stations. Intérieur du salon de coiffure.
↑ Hair wash stations. Lavabos.
← View into interior from garden. Intérieur vu du jardin.
→ Interior view. Vue de l'intérieur.
↘ Floor plan. Plan.
↘↘ View across interior to exterior. Vue en direction de l'extérieur.

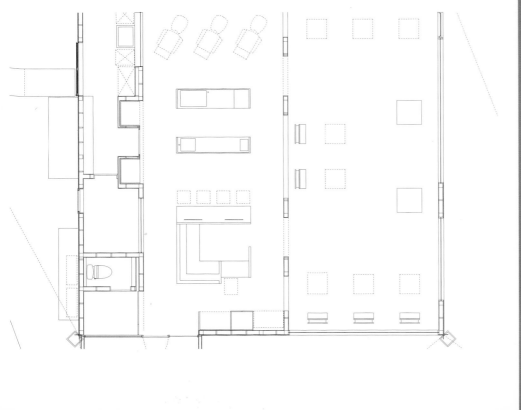

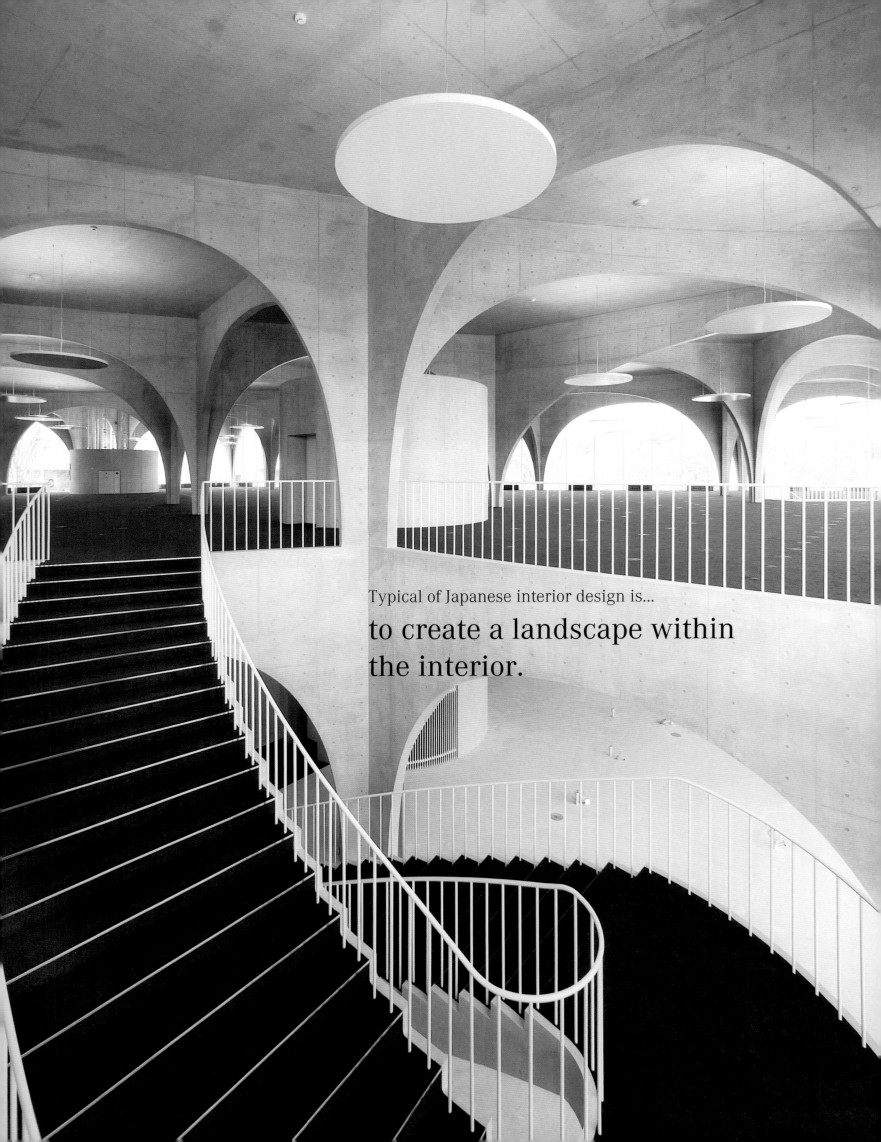

Typical of Japanese interior design is...

to create a landscape within
the interior.

# Tama Art University Library

## Toyo Ito & Associates

**Location:** Omotosando, Tokyo, Japan. **Completion:** 2008. **Associate architect:** Kajima Design. **Main function:** Library. **Materials:** Steel, concrete and glass.

Initially the architects proposed to place the entire library underground. After realizing that this was impossible, the volume was designed above the ground, while still trying to build a subterranean space. The building became a structural system of a series of domes and arches. The arches have been designed to follow gentle curves at different angles. These continuous curves articulate space into blocks of squares and triangles. Due to the strategic placement of the furniture, contradicting characteristics were attributed to the reading area: flow and standstill. The slope of the ground floor flows the natural declivity of the land so that the architecture is well integrated into the surrounding environment, maintaining the spatial continuity between inside and outside space.

Le projet initial prévoyait d'enterrer intégralement la bibliothèque. Cela s'avérant impossible, les architectes ont conçu un bâtiment en surface avec des espaces souterrains, caractérisé par tout un ensemble de coupoles et d'arches de formes diverses qui structurent l'intérieur en délimitant des espaces carrés ou triangulaires. L'aménagement de la salle de lecture répond à une stratégie contradictoire alliant fluidité et immobilité. Le rez-de-chaussée suit la pente naturelle du terrain, ce qui contribue à intégrer le bâtiment dans son environnement et à établir une continuité entre extérieur et intérieur.

← View to central stairs. Grand escalier.

↑ Exterior view by night. Extérieur vu de nuit.
← Structural steel plates arches covered with concrete. Arches en acier recouvertes en béton.
→ Study desk with a large glass table. Salle de lecture avec grandes tables en verre.
↘ Floor plans. Plans des différents niveaux.

1F Plan    N

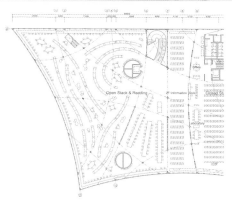

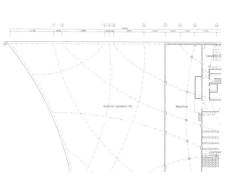

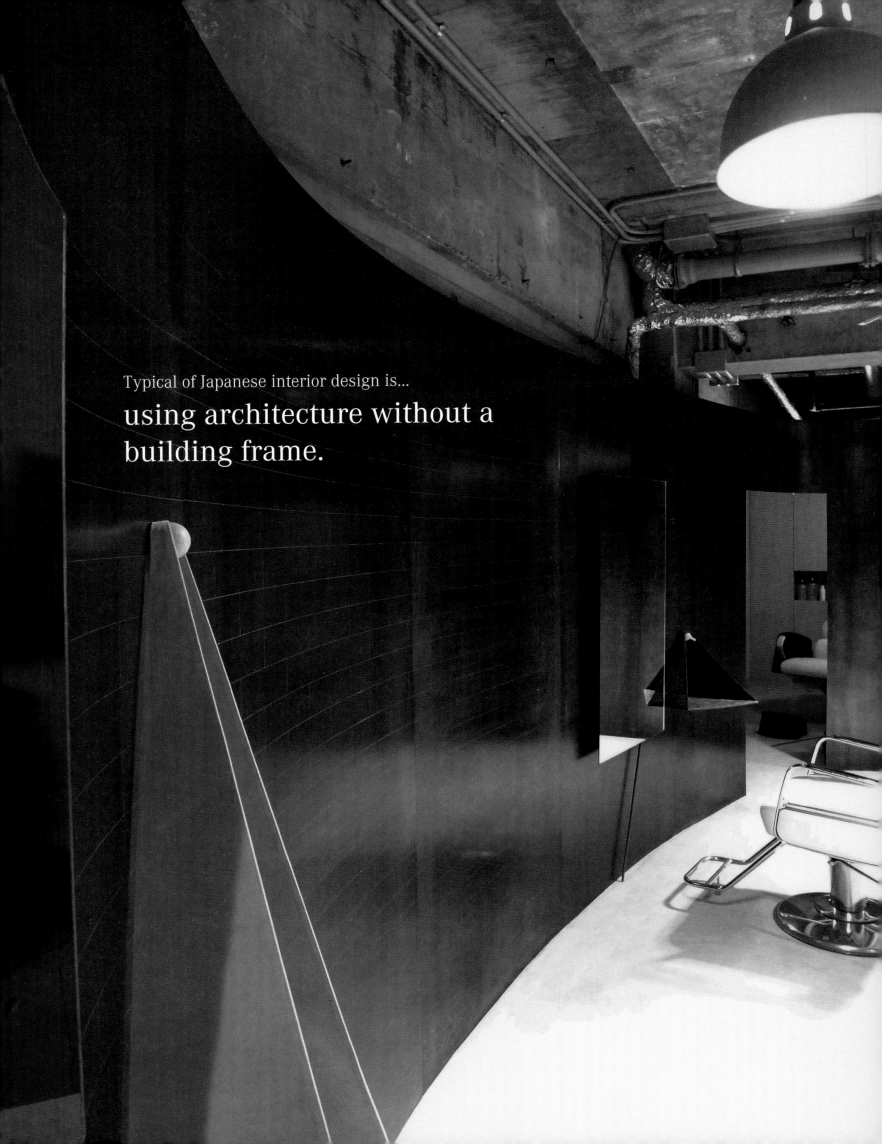

Typical of Japanese interior design is...

## using architecture without a building frame.

# Elastico

## Katsuhiro Miyamoto & Associates

**Adress:** 8-14, Shouraisou, Nishinomiya, Hyogo 665-0822, Japan. **Completion:** 2010. **Main function:** Beauty salon. **Materials:** Steel sheet and glass.

"Elastico" is a hair salon based on the idea of using architecture without a building frame, whereby a "partitioning wall' can be seen as a "skin" without "skeleton". The partitioning wall is made from very thin black steel which has a thickness of only 2.3 mm so that it swings/rocks softly if you push it. Also, to invite the customers comfortably into the interior, the design was required to involve grace and elasticity reminiscent of "Baroque". The interior is a part of the façade as well as an instep with the townscape. So the black steel has a scratched pattern like brick tiles as if the brick exterior wall is extended. Actually this kitsch surface has emphasized the peculiar fishy/dull glitter of black steel, while the light 2.3mm thickness has softened the steel's hard image.

L'idée de base était ici de ne pas tenir compte des caractéristiques architecturales du bâtiment et de créer une cloison fonctionnant comme une « enveloppe sans carcasse ». Cette cloison en acier noir est tellement fine ( seulement 2,3 millimètres d'épaisseur ) qu'elle ondule lorsqu'on appuie dessus. Afin de rendre l'intérieur plus confortable, l'architecte a conçu une décoration souple et gracieuse inspirée de l'art baroque, qui inclut la façade du bâtiment et s'intègre ainsi à l'environnement urbain : le motif linéaire de la cloison en acier renvoie directement à la façade en briques. Par ailleurs, ce motif kitsch atténue la réverbération de la surface en acier, de même que la faible épaisseur de la cloison atténue la dureté du métal.

← Curved black steel wall divider. Cloison courbe en acier noir.

↑ Exterior view by night. Extérieur vu de nuit.
← Entrance. Entrée.
→ Styling stations. Intérieur du salon de coiffure.
↘ Floor plan. Plan.

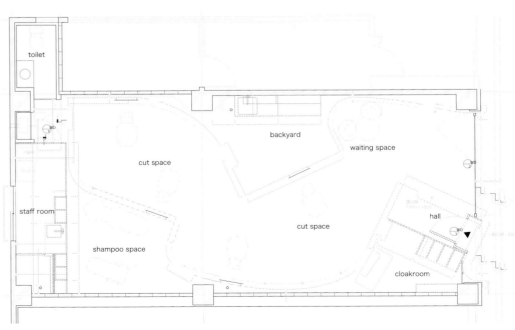

toilet

staff room

cut space

shampoo space

backyard

waiting space

cut space

hall

cloakroom

home & living

Typical of Japanese interior design is...
## the combination of aesthetics.

# Twisted House

### Kentaro Takeguchi + Asako Yamamoto/ ALPHAVILLE

**Location:** Osaka, Japan. **Completion:** 2008. **Structural architect:** Kazuo Takeguchi. **Main function:** Home. **Materials:** Galvanized steel, aluminum sash, mortar, wood flooring and plaster board.

This detached house built in an urbanized area, was designed with a floor plan in the form of broken line, which allows the building to have a courtyard and a front yard. The central volume is oriented north/ south. The slope of the roof alternates from right to left on the three volumes of the building, thus to generate a flowing rhythm inside. The envelope consists of fourteen steel pillars complemented by beams positioned diagonally supporting walls consisting of two thin sheets of plywood. The interior also benefits from natural simple and abstract light.

Cette maison individuelle étant construite dans une zone fortement urbanisée, les architectes ont dû concevoir un plan en forme de ligne brisée, ce qui a permis de doter le bâtiment de deux cours. Le volume central est orienté nord/sud. La pente du toit alterne de droite à gauche sur les trois volumes du bâtiment, générant ainsi un rythme fluide à l'intérieur. L'enveloppe se compose de quatorze piliers en acier complétés par des poutrelles disposées en diagonale qui supportent des murs de faible épaisseur composés de deux plaques de contreplaqué. L'intérieur bénéficie par ailleurs d'un éclairage naturel simple et abstrait.

← View to dining / living room. Salle à manger.

↖ Rooftop view by dusk. Les toits au crépuscule.
↑ Interior perspective. Intérieur en perspective.
← Staircase leading to mezzanine level. Escalier menant à la mezzanine.
→ View from mezzanine level. Vue depuis la mezzanine.
↘ Dining and kitchen. Salle à manger et cuisine.
↘↘ Site plan and floor plans. Plan de situation et plan du bâtiment.

Typical of Japanese interior design is...
to allow natural light to flow
into the interior.

# FLOW

## Satoshi Kurosaki/APOLLO Architects & Associates

**Location:** Chiba, Japan. **Completion:** 2009. **Main function:** Home. **Materials:** Ash flooring (black paint) and tiles and acrylic Emerson Paint (walls).

The owner two generations house located on the Pacific coast wanted a combination of a garage for two cars and a house where he could relax with his family, while also securing privacy. The inclined exterior that looms over the visitor with its stark contrast of concrete and wood, playfully gives shape to the owner's minimalist outlook on design. The architects have also ensured a balance between the main volume and the garage fitted with skylights. Located in a newly built residential area which is still seeking its identity, the house "Flow" takes full advantage of its location, while providing its occupants with interior safe spaces from prying eyes.

Le maître d'ouvrage de cette maison « deux générations » située sur la côte Pacifique souhaitait disposer d'un ensemble composé d'un garage pour deux voitures et d'une maison où il pourrait se relaxer en famille dans des espaces garantissant son intimité. L'extérieur, caractérisé par le contraste d'une surface concave en bois dominant un volume en béton, correspond au goût minimaliste du client. Les architectes ont par ailleurs veillé à établir un équilibre entre le volume principal et le garage pourvu de claires-voies. Située dans un quartier résidentiel nouvellement construit qui cherche encore son identité, la maison « Flow » affirme sa personnalité à l'extérieur en tirant le meilleur parti de son implantation, tout en offrant à ses occupants des espaces intérieurs à l'abri des regards indiscrets.

← Second floor leading to rooftop. Niveau supérieur avec accès au toit en terrasse.

↑ Bathroom enclosed with glass surfaces. Salle de bain vitrée.
← View to floating concrete staircase from hallway. Entrée avec escalier flottant en béton.
↓ Floor plans. Plans des différents niveaux.
→ Living room. Séjour.
↘ Exterior view. Extérieur.
↘↘ Open kitchen. Cuisine ouverte.

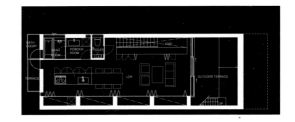

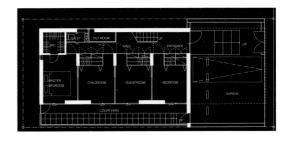

Typical of Japanese interior design is...

## blurring the distinction between furniture and architecture.

# New Kyoto Town House

## Kentaro Takeguchi + Asako Yamamoto/ ALPHAVILLE

**Location:** Osaka, Japan. **Completion:** 2010. **Structural architect:** Kazuo Takeguchi. **Main function:** Home. **Materials:** Roofing tile, galvanized steel, aluminum sash, mortar, maple flooring, plaster board and plywood.

This house breaks the idea of the traditional Japanese townhouse, narrow and dark with the light wood polyhedral shapes in the interior walls which are based on the logical concepts and multiple functions. First, the partition walls extend in the vertical and horizontal direction and loosely connect the rooms on the three floors. The space thus created is one continuous room with dynamic nuances: it is simultaneously spacious and heterogeneous. Second, the partition walls serve as reflectors of natural light. They softly reflect the natural light coming from both the north and south sides and bring it to the otherwise dark interior of the building. Finally, the partition walls blur the boundary between architecture and furniture, thus stimulating perception and behavior.

Avec un intérieur dominé par des pièces multifonctionnelles aux formes polyédriques dans des teintes claires, ce bâtiment s'inscrit en négatif par rapport aux villas urbaines du Japon, traditionnellement sombres et exiguës. Les cloisons des trois niveaux d'habitation s'inscrivent dans l'espace aussi bien verticalement qu'horizontalement, de manière à créer des pièces interconnectées offrant toute la gamme de nuances entre le spacieux et l'hétérogène. De plus, ces cloisons reflètent subtilement la lumière provenant des ouvertures percées dans les murs nord et sud, assurant ainsi un bon éclairage naturel de l'intérieur. Enfin, ces cloisons d'un type particulier estompent la distinction entre meubles et architecture, générant ainsi de nouveaux comportements et de nouvelles impressions.

← Detail of staircase. Détail de l'escalier.

↖ View to wooden transitional surfaces. Surfaces de transition en bois.
↑ Dining room. Salle à manger.
← One continuous room with dynamic nuances. Espace continu offrant toute une gamme de nuances.
→ Reflector of natural light. Réflexion de la lumière naturelle.
↘ The boundary between architecture and furniture. Distinction entre meubles et architecture.
↘↘ Floor plans. Plans des différents niveaux.

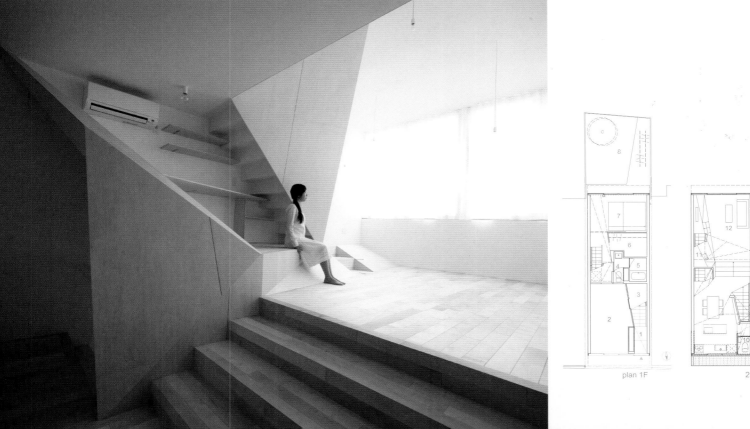

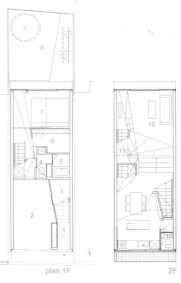

plan 1F    2F    3F

Typical of Japanese interior design is...
to create elegant spaces with
minimalistic furniture.

# KNOT

## Satoshi Kurosaki/ APOLLO Architects & Associates

**Address:** 1-2303-7 Midorigaoka Meguro-ku, Tokyo, Japan. **Completion:** 2010. **Main function:** Home. **Materials:** Exposed concrete (walls) and ash flooring (white painted).

This compact house makes use of the half-floor difference in height between the front and back of the site. The simple exterior is reminiscent of a drawer pulled out from a box which is composed of concrete and glass. Taking advantage of the difference in height, the spaces in the front and back are connected using the skip floor system. Positioned adjacent to those spaces are a courtyard and a void space which together complete the enclosed spaces and give them more depth, thus generating a set characterized by continuity with the interconnection of different areas both horizontally and vertically.

Cette maison compacte en verre et béton tire le meilleur profit de la différence de niveaux entre l'avant et l'arrière du bâtiment. Vue de profil, elle n'est pas sans évoquer une boîte dont les tiroirs seraient ouverts. Un escalier intérieur compense la différence de niveaux entre la cave et le dernier étage. Un vide et une cour intérieure viennent compléter les espaces fermés et leur donner plus de profondeur, générant ainsi un ensemble caractérisé par la continuité grâce à l'interconnexion des différents espaces aussi bien horizontalement que verticalement.

← Dining room / kitchen with double-height ceilings. Séjour/cuisine à grande hauteur de plafond.

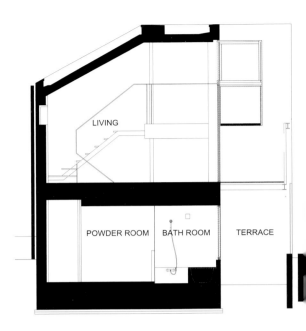

LIVING

POWDER ROOM | BATH ROOM | TERRACE

↖ Interior living spaces. Intérieur.
↑ Section. Vue en coupe.
← View into interior from courtyard. Intérieur vu de la cour.
→ Living room. Séjour.
↘ View across to living room from kitchen. Vue de la cuisine en direction du séjour.
↘↘ Front façade. Extérieur.

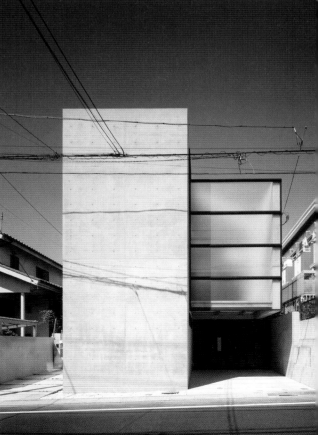

Typical of Japanese interior design is…
to find the equilibrium of the
architecture by bringing nature inside.

# SHIFT

## Satoshi Kurosaki/ APOLLO Architects & Associates

**Location:** Tokyo, Japan. **Completion:** 2010. **Main function:** Home and yoga studio. **Materials:** Photocatalytic paint (walls), glass and concrete.

The architects designed the house for a family of four with an embedded professional yoga studio operated by the mother. The exterior façades are completely closed, while large windows overlook a courtyard. On the ground floor, the living room and dining/kitchen face each other across the courtyard while a sculptural staircase is positioned across the courtyard from the entrance. The staircase is symbolic in its presence and gives expansiveness to the spaces together with the courtyard. On the first floor, the multi-purpose room is used for yoga classes and for other activities, while small gardens are positioned around bedrooms providing light and openings.

Les architectes ont conçu cette maison pour une famille de quatre personnes en y intégrant le studio de yoga professionnel exploité par la mère. L'extérieur se caractérise par une base en béton brut surmontée d'un volume pourvu d'un revêtement en cèdre du Japon. Les façades extérieures sont entièrement fermées, tandis que de grandes baies vitrées donnent sur une cour intérieure. Ce puits de lumière au centre de la maison assure un bon éclairage naturel et permet de suivre les déplacements de tous les occupants d'une pièce à l'autre.

← Living room. Séjour.

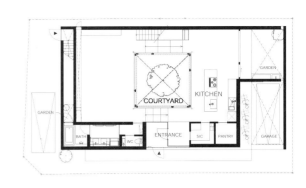

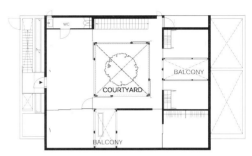

↖ View to inner courtyard from second floor. Vue en direction de la cour intérieure.
↑ Floor plan. Plans des différents niveaux.
← Planted courtyard. Arbre dans la cour intérieure.
→ Open kitchen with sliding doors. Cuisine ouverte avec portes coulissantes.
↘ Living room with views across the interiors. Séjour avec vue sur la cour intérieure.
↘↘ Staircase leading to rooftop. Escalier menant au niveau supérieur.

Typical of Japanese interior design is...

to work as close as possible
with the site.

# Roof on the Hill

Kentaro Takeguchi + Asako Yamamoto/ ALPHAVILLE

**Location:** Takarazuka, Japan. **Completion:** 2010. **Main function:** Home. **Materials:** Steel deck, plaster board and ash flooring.

Working with the solid soil condition of the plot, the single story design follows the natural slope of the terrain by dividing the floor plan in stepped back intervals. The house, spread on the terraced ground, has 3 meter by 3 meter grid steel frame. It consists of boxes, including a bedroom, a children's room and a bathroom, and a residual space resulted from the subtraction of the boxes. On top of them is an undulating roof, whose slits allow sunlight to diffuse into the entire interior space. The interior space is affected by multiple parameters, or the interactions among them. Those parameters are concerned with direction and scale. As for direction, the interaction among the sloped ground, the grid of columns, and the inclined undulating roof of 45 degrees gives the interior a mixed character of order and variation.

Cette maison de plain-pied suit la pente du terrain en présentant différents niveaux à l'intérieur. Son armature en acier, composée d'éléments de trois mètres par trois, abrite notamment une chambre pour les parents, une autre pour les enfants, une salle de bain et un espace résiduel situé à l'intersection des différents volumes. Le bâtiment est couvert d'un toit en tôle ondulé pourvu de bandes vitrées assurant un éclairage zénithal des différentes pièces. L'intérieur a été conçu sur la base de l'interaction entre divers paramètres, notamment la configuration et les dimensions du terrain : du fait de la pente, du réseau formé par les piliers métalliques et de l'inclinaison du toit à quarante-cinq degrés, l'intérieur est à la fois ordonné et varié.

← Living room with corrugated white painted ceiling. Séjour avec plafond/toit en tôle ondulée peinte en blanc.

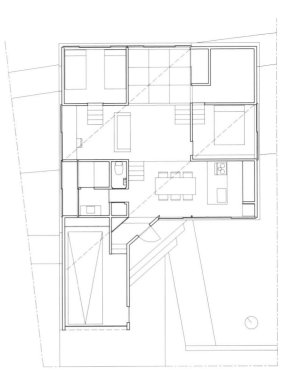

↖ Interior view to different living levels. Vue des différents niveaux intérieurs.
↑ Floor plan. Plan.
← View to dining room and angled ceiling. Salle à manger et plafond anguleux.
→ View from dining room. Salle à manger.
↘ Exterior view. Extérieur.
↘↘ View across interior opening. Vue en perspective de l'intérieur .

Typical of Japanese interior design is...

to bring in natural light to create a
spacious impression in the interior.

# Wrap House

## Bunzo Ogawa/ futurestudio

**Address:** 4-8-23-5 Kougonaka Nishi-ku Hiroshima-city, Japan. **Client:** Hideki Kurita. **Completion:** 2009. **Main function:** Home. **Materials:** Timber (floor & structure), plaster board (interior wall) and galvanized steel sheet (exterior wall).

This house "packages" three elements (natural light, space and privacy) to optimize the conditions of the users' lives. To comply with legislation on the ratio of built area and the terrain, the architects planned the building following the boundaries of the property while creating a "void" on the north side. And by cutting the wall of east side, sunlight shines into the void in the morning and a "sunlight well" is created. The collected sunlight is reflected by a white wall, and illuminates the room gently. At dusk, when the world around descends into darkness, artificial lighting highlights the opening at the northeast corner of the house. The external void space is perceived as an extension of the internal space, while the wrap-around wall is both protecting the privacy of the residence space against the surroundings and creating a spacious impression.

Cette maison « emballe » trois éléments (lumière naturelle, espace et intimité) afin d'optimiser les conditions de vie des utilisateurs. Afin de respecter la législation relative au rapport entre la surface bâtie et celle du terrain, les architectes ont construit le bâtiment en suivant les limites de la propriété tout en créant un vide sur le côté nord. Le mur est a lui aussi été découpé, de sorte que le soleil du matin peut éclairer l'intérieur, dont les murs blancs reflètent la lumière provenant de ce « puits solaire ». Au crépuscule, lorsque le monde alentour sombre dans la pénombre, l'éclairage artificiel met en valeur l'ouverture pratiquée au coin nord-est de la maison. Ce « vide » vient compléter le vaste espace intérieur, « emballé » dans une enveloppe qui met les occupants à l'abri du monde extérieur.

← Dining room. Salle à manger.

↖ Exterior view. Extérieur.
↑ Staircase lighting. Lampe dans l'escalier.
← Bathroom. Salle de bain.
→ Kitchen with open views. Cuisine.
↘ View into interior from terrace. Intérieur vu de la terrasse.
↘↘ Floor plans. Plans des différents niveaux.

Typical of Japanese interior design is...
## to fill up the space with soft light.

# House of Through

## Jun Igarashi Architects

**Location:** Shikaoi Hokkaido, Japan. **Completion:** 2008. **Main function:** Home. **Materials:** Wood, concrete and fabric.

Located in the east of Hokkaido, this site is bordered by a house to the east and a garage to the north. A buffer zone was set at the north and south sides. The south buffer houses the master bedroom, guestroom, entrance and spare room, while the bathroom and study are located in the north buffer. These buffers are punctuated with various openings allowing strong light into the interior, which is reflected by the floor onto the ceiling, filling the space with soft light. A large central pillar gently divides the living space while evoking a sense of strength.

Cette maison a été construite sur l'île d'Hokkaido, sur un terrain bordé au nord par un garage et à l'est par une autre maison. Les architectes ont conçu des zones tampons au nord et au sud d'un espace central. L'entrée, la chambre des propriétaires, une chambre d'amis et un espace polyvalent se trouve au sud, tandis que le bureau et la salle de bain occupent le volume situé au nord. Diverses ouvertures garantissent un bon éclairage naturel de l'intérieur, la lumière se reflétant du sol au plafond. Le haut pilier qui se dresse au centre du séjour génère une impression de puissance.

← Open plan interior. Intérieur à plan ouvert.

↖ View across second floor. Vue du niveau supérieur.
↑ Exterior view. Extérieur.
← Detail of pendant lighting. Lampes suspendues.
→ Double-height structure at living area. Hauteur exceptionnelle du séjour.
↘ View of different interior levels. Vue des différents niveaux.
↘↘ Roof plan. Plan des toits.

Typical of Japanese interior design is...
to find a logical, yet creative
approach to create an honest
solution.

# Mishima House

## Keiji Ashizawa Design

**Location:** Tokyo, Japan. **Completion:** 2010. **Main function:** Home. **Materials:** Cement paneling (walls), steel deck (ceiling), wood and linoleum flooring.

The idea behind this small family home design is to accommodate privacy, while living comfortably in the dense downtown area of central Tokyo. The rooms that need maximum privacy, such as the bedrooms and bathroom, are located on the first and second floor. Living room and kitchen are located on the third floor, with the study area located just above, in the loft. The arrangement of these rooms was determined to ensure the privacy of the occupants and make the most of natural lighting. A wall made entirely of translucent glass provides good clarity while giving maximum privacy from the outside world. The rough steel frame allows ample amounts space, while keeping the budget to a minimum. The inside handrail, light fixtures; bookshelf and other furnishings create a unique harmony and theme to the interior design.

Le maître d'ouvrage de cette maison située dans un quartier central de Tokyo a demandé à l'architecte de concevoir un bâtiment confortable garantissant l'intimité d'une petite famille. Les chambres et la salle de bain sont situées au rez-de-chaussée et au premier étage, le séjour et la cuisine au second, le bureau tout en haut. La disposition de ces pièces a été déterminée de manière à garantir l'intimité des occupants et à tirer le meilleur profit de l'éclairage naturel. Un mur entièrement réalisé en verre translucide assure une bonne clarté tout en mettant l'intérieur à l'abri des regards indiscrets. Le choix d'une structure porteuse en acier a permis de maximiser l'utilisation de l'espace disponible tout en minimisant les coûts. La décoration intérieure (rambardes, lampes, étagères, meubles) a été réalisée avec soin de manière à créer un ensemble harmonieux.

← Open plan bathroom. Salle de bain à plan ouvert.

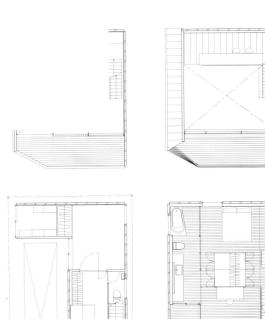

↖ Master bedroom. Chambre des parents.
↑ Elevation and floor plans. Élévation et plans des différents niveaux.
← Kitchen on third floor. Cuisine au troisième étage.
→ Living room with double-height celings. Séjour vu de l'escalier menant à la mezzanine.
↘ Filtering light in living space. Séjour avec panneau en verre translucide.
↘↘ Exterior view by night. Extérieur de nuit.

Typical of Japanese interior design is...

# to blur the lines between the interior and the exterior.

# Sky Court

## Keiji Ashizawa Design

**Location:** Tokyo, Japan. **Completion:** 2009. **Main function:** Home. **Materials:** Plaster and wood cement panels (walls), plaster, wood and mortar panels (ceiling) and wood flooring.

Sky Court is an ambitious renovation project that involved transforming a Japan "bubble era" house into a modern home connected to the city and the sunlight. One of the key features of the house is the blurring of indoor and outdoor spaces. On the second floor the new internal courtyard serves as a separator between the kitchen and living room while ensuring visual connection from that floor to the rooftop terrace. Similarly, the lounge on the third floor connects to the outdoor deck and opens to the view of Tokyo's skyscrapers. Another important feature is the creation of the unusual volume. The hole punched through the roof creates a heart-like space in the center of the house that opens to the sky. The new top floor was one of the few places where old space did not have to be recycled and, as a result, the angular roof cap is juxtaposed against the existing straight walls.

Cette maison est le résultat de la rénovation d'un bâtiment construit à l'époque de la « bulle spéculative » japonaise. Les travaux visaient à créer des espaces modernes, en prise directe sur la ville, disposant d'un bon éclairage naturel et estompant la limite traditionnelle entre intérieur et extérieur. Le puits de lumière du premier étage interconnecte la cuisine et le séjour tout en établissant un lien visuel avec la terrasse, à laquelle on accède par le salon du second étage et d'où l'on découvre un magnifique panorama sur la ville de Tokyo. La rénovation a également porté sur la création d'un volume inhabituel, centré autour du puits de lumière ouvert sur le ciel. Elle n'a toutefois pas affecté la structure du dernier étage, de sorte que le toit angulaire a pu être rajouté en utilisant les murs d'origine.

← View to living room from courtyard. Séjour vu à partir du puits de lumière.

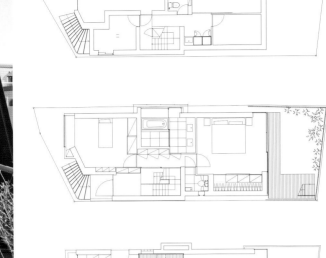

↖ View to interior from terrace. Intérieur vu de la terrasse.
↑ Floor plans. Plans des différents niveaux.
← Staircase. Escalier.
→ Bathroom. Salle de bain.
↘ Interior opens out to courtyard. Vue en perspective avec au centre le puits de lumière.
↘↘ Rear façade. Face arrière.

Typical of Japanese interior design is...

to create a vertical connection
between all living spaces.

# House in Saijyo

## suppose design office

**Location:** Higashi-Hiroshima city, Hiroshima, Japan. **Completion:** 2007. **Main function:** Home. **Materials:** Concrete, glass, wood and steel.

This building is inspired by the traditional pit-dwelling Japanese houses; this family house has been designed taking into account the characteristics of the land (a former field). The soil from digging the pit was used to build an underground room surrounded by glass and shielded from its neighbors. The pyramidal roof has several levels of housing and has a skylight at the top. The open space on the lower level offers a radically different atmosphere from that in the first floor, especially quiet, and the light-filled second floor. A central vertical space from the sky-light connects each floor.

Ce bâtiment inspiré des maisons traditionnelles japonaises à demi enterrées a été conçu en tenant compte des caractéristiques du terrain (un ancien champ). La terre provenant du creusement de la fosse a été utilisée pour construire un remblai qui protège des regards indiscrets l'espace central entièrement vitré. Le toit pyramidal abrite plusieurs niveaux d'habitation et dispose d'une ouverture au sommet assurant un éclairage zénithal. L'espace ouvert du niveau inférieur offre une atmosphère radicalement différente de celle prévalant au premier étage, particulièrement calme, et au second étage, bien éclairé grâce à l'ouverture du toit. Un escalier central dessert les différents niveaux.

← View to kitchen from master bedroom on second floor. Vue de la cuisine (niveau inférieur) et de la salle de bain (premier étage).

↖ View to dining room from garden. Salle à manger vue du jardin.
↑ Front façade. Façade principale.
← Bedroom with skylight. Chambre avec éclairage zénithal.
→ Dining room with open views to garden. Salle à manger entièrement vitrée avec vue sur le jardin.
↘ Interior at subterranean level. Niveau inférieur.

Typical of Japanese interior design is...
## to fuse working with living.

# House in Shizuoka

## Kiyonobu Nakagame & Associates

**Location:** Shizuoka, Japan. **Completion:** 2010. **Engineers:** Shuji Tada structural engineers. **Main function:** Home. **Materials:** Concrete, wood and glass.

This house was designed for a musician/ DJ who needs both an apartment and a soundproofed workplace. It consists of four units performing diverse functions, in harmony with each other and connected by a courtyard, and skylights. On the north side, a concrete wall and louvers provide the necessary privacy and good natural lighting. The rough concrete formwork recalls the ancient buildings of the Showa period and goes well with the austere façades of the surrounding houses.

Ce bâtiment a été construit pour un musicien/DJ qui avait besoin à la fois d'un appartement et d'un lieu de travail insonorisé. Il se compose de quatre unités remplissant des fonctions différentes, en harmonie les unes avec les autres et reliées entre elles par une cour intérieure et des puits de lumière. Du côté nord, un mur en béton associé à des claires-voies assure l'intimité nécessaire et un bon éclairage naturel. Le béton brut de coffrage rappelle les bâtiments anciens de la période Showa et se marie bien avec les façades austères des maisons alentour.

← DJ box and shelf. Espace DJ et étagères à disques.

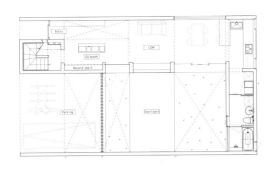

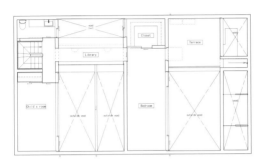

↖ Bedroom with panoramic window. Chambre avec fenêtre panoramique.
↑ Floor plans. Plans des différents niveaux.
← Bathroom. Salle de bain.
→ Living spaces open up to courtyard. Séjour donnant sur la cour.
↘ Courtyard with hammock. Cour avec hamac.
↘↘ Working area. Espace de travail.

Typical of Japanese interior design is...
to give a new interpretation
to a renovated space.

# House in Okusawa

## Schemata Architecture Office

**Location:** Tokyo, Japan. **Completion:** 2009. **Main function:** Home. **Materials:** Wood and glass.

An existing house was renovated by covering sections of the exterior and revealing elements of the interior. The project consisted of many small alterations using standard building materials. The brickwork on the façade was painted white and concrete steps were added, while inside beams were exposed and glass partitions installed. These slight modifications introduce change to the neighborhood while avoiding radical innovations. Old touches were given the same importance as the new and were neither denied nor affirmed in a new interpretation of the meaning of renovation.

La rénovation de cette maison a consisté à recouvrir la façade et dégager l'intérieur, le tout en privilégiant les matériaux de construction traditionnels. Le concept des architectes prévoyait d'appliquer un enduit blanc sur la façade en briques, de construire un escalier extérieur, de rendre la charpente apparente et de monter des cloisons transparentes. La rénovation a ainsi évité des modifications trop radicales dans le contexte urbain, les architectes s'efforçant d'accorder la même importance à l'ancien et au nouveau.

← Living room. Séjour.

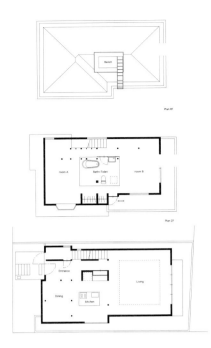

↖ Interior with exposed roof structure. Intérieur avec charpente apparente.
↑ Floor plans. Plans des différents niveaux.
← Front façade. Façade principale.
→ Bathroom enclosed in a glass box. Salle de bain avec cloisons transparentes.
↘ Entertainment room. Salle de jeux.

Typical of Japanese interior design is...
blurring the boundaries between
interior and exterior to create one
living space.

# Inside Outside House

## Takeshi Hosaka Architects

**Location:** Tokyo, Japan. **Completion:** 2009. **Main function:** Home. **Materials:** Wood, concrete (painted in white) and glass.

This detached house has been designed for a married couple and their two cats. The project was based on the idea of humans and cats living together, rather than cats living in a house designed for humans. Resulting in a house whose interior seems projected outside. The shape of the building was decided as an irregular quadrangle in accordance with the irregularly shaped quadrangular site. The irregular shape of the building follows the contours of the land. The roof and walls of the openings are carefully designed so as to regulate the light, wind and rain getting inside. The terrace on the ground floor is decorated with plants watered by rain. The bedroom and bathroom are located in the outer volume; and a living room is located above the bedroom box and a deck above the bathroom box.

Cette maison individuelle a été conçue pour un couple marié et ses deux chats. L'idée de base était qu'humains et félins vivent véritablement ensemble, plutôt que d'obliger les chats à vivre dans un univers conçu pour l'Homme. Avec pour résultat une maison dont l'intérieur semble projeté à l'extérieur. La forme irrégulière du bâtiment suit les contours du terrain. Le toit et les murs figurent des ouvertures conçues avec soin de manière à réguler la lumière, le vent et la pluie pénétrant à l'intérieur. La terrasse du rez-de-chaussée est agrémentée de plantes arrosées par la pluie. La chambre et la salle de bain se trouvent dans le volume extérieur, le séjour étant au-dessus de la chambre et une seconde terrasse au-dessus de la salle de bain.

← Bird's eye view towards interior living spaces. Vue plongeante sur les terrasses et l'espace intérieur.

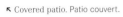

↖ Covered patio. Patio couvert.
↑ Sliding glass door leading to courtyard. Porte en verre coulissante
donnant accès à la cour intérieure.
← Staircase with street view. Escalier avec vue sur la rue.
→ Dining area. Salle à manger.
↘ Floor plan. Plan.
↘↘ View to courtyard. Cour intérieure.

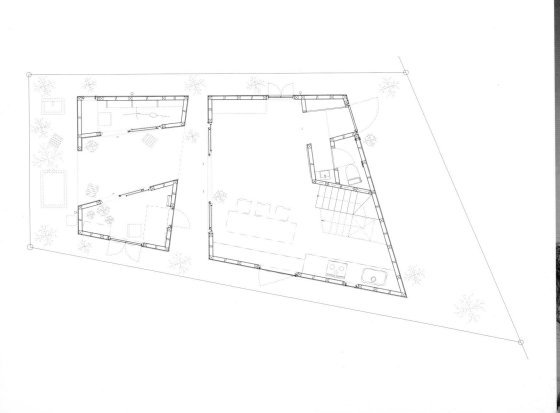

Typical of Japanese interior design is...
# to incorporate love in the environment.

# House in Hieidaira

## Tato Architects/ Yo Shimada

**Address:** 3-52-51 Hieidaira, Ohtsu, Shiga, Japan. **Completion:** 2010. **Main function:** Home. **Materials:** Mortar, lauan plywood, glass and polycarbonate.

The owner is an artist who wanted a house where he could work and live with his wife, his children and his parents. With a regulation that mandates sloped roofs, the site is surrounded by gable-roofed houses which seem to provide a sense of calmness in the neighborhood. Taking these constraints into consideration, the architects developed a plan in which three independent cottage-style houses – an atelier and two mini houses (one for the client's family and the other for his parents) – are arranged in such a way to share the watering and drainage area.

Le propriétaire est un artiste qui souhaitait une maison où il pourrait travailler et vivre avec sa femme, ses enfants et ses parents. La législation locale imposant des toits en pente, l'architecte a conçu trois pavillons distincts (un atelier et deux bâtiments d'habitation), couverts chacun d'un toit à deux pentes. Ces trois unités séparées partagent toutefois les mêmes réseaux d'alimentation et d'évacuation des eaux usées.

← View from dining room. Salle à manger .

↖ Kitchen. Cuisine.
↑ View from second floor. Salle à manger vue du premier étage.
← View to atelier from second floor. Atelier vu du premier étage.
→ Second floor clad in luan plywood. Premier étage en contreplaqué luan.

shopping

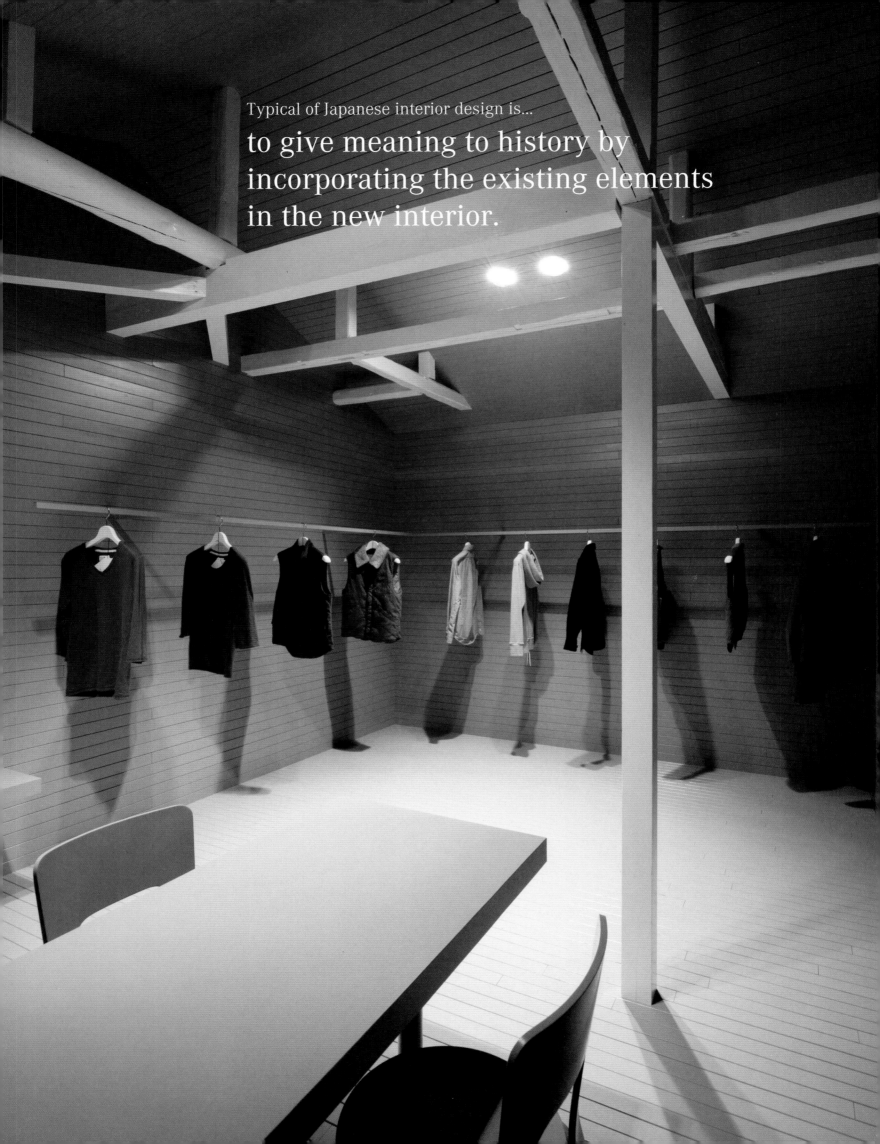

Typical of Japanese interior design is...

# to give meaning to history by incorporating the existing elements in the new interior.

# Double OO '96

## CASE-REAL/ Koichi Futatsumata

**Address:** 2F 1-3-4 Daimyo Chuo-ward Fukuoka 810-0041, Japan. **Client:** Alohanine. **Completion:** 2009. **Main function:** Office and showroom. **Materials:** Gray wooden tongue-and-groove boards.

A wooden hut with a gable roof was extended on the terrace of a small two-storied house built half a century ago. The space thus created is now occupied by an office and showroom. The terrace had been extended without any plans for 40 years, and unplanned big and small frames, such as beams, pillars and bunches were running in the air. The architect has strengthened the existing structure, and then covered the floor, walls and the underside of the roof with planks and paneling painted gray, the frame is left exposed and painted white. This space under the roof highlights not only the clothing offered to customers, but also the history of the hut itself.

Une « cabane en bois » avec toit à deux pentes a été construite sur la terrasse d'un petit bâtiment sur deux niveaux vieux d'un demi-siècle, l'espace ainsi créé étant désormais occupé par un bureau et un magasin de vente. Une charpente composée de piliers et de poutres en bois avait déjà été construite ces quatre dernières décennies, mais de manière assez anarchique. L'architecte a renforcé cette structure préexistante, puis couvert le sol, les murs et la face inférieure du toit avec des planches et des lambris peints en gris, la charpente étant laissée apparente et peinte en blanc. Cet espace sous le toit met en valeur non seulement les vêtements proposés à la clientèle, mais aussi l'histoire propre au bâtiment.

← Showroom within a gabled hut. Espace de vente couvert d'un toit à deux pentes.

↖ Existing details. Détails.
↑ Main entrance. Entrée principale.
← Interior surfaces clad in gray wooden tongue-and-groove boards and hut's structural framework painted in white. Charpente peinte en blanc et revêtement mural en lambris mortaisés peints en gris.
→ Working desk and garments displayed on a rail around the perimeter of the office. Bureau et présentoirs à habits.

Typical of Japanese interior design is...
to create a different
paradigm of retail.

# Longchamp "Flash Shop"

## CURIOSITY/ Gwenael Nicolas

**Address:** 3-6-19 Kitaaoyama, Minato-ku, Tokyo 107-0061, Japan. **Client:** Longchamp. **Completion:** 2010. **Main function:** Shop. **Materials:** Aluminum shelves (5 mm), fabric and mirrors.

The decor in this shop is inspired by the curiosity and effects created by flashes in photo studios. "Flash Shop" aims to create a retail space in interaction with the street. The main façade, entirely black, includes a screen on which a strobe design and trademark logo are projected intermittently, the succession of sequences referring to the urban world and the hectic life of Tokyo. Inside, all racks are hung with strips of cloth, half-transparent, which allows you to change the decor every season to suit the theme of the new collection.

La décoration de cette boutique, inspirée de l'effet produit par les flashs dans les studios de prises de vues, vise à créer un espace de vente en interaction avec la rue. La façade principale, entièrement noire, intègre un écran stroboscopique sur lequel un dessin et le logo de la marque sont projetés par intermittence, la succession des séquences renvoyant à l'univers urbain et à la vie trépidante de Tokyo. À l'intérieur, tous les présentoirs sont accrochés à des bandes de tissus à demi-transparents, ce qui permet de changer la décoration à chaque saison afin de l'adapter au thème de la nouvelle collection.

← Display tower suspended from ceiling . Présentoirs accrochés au plafond.

↑ Main entrance. Entrée.
← Black front façade. Façade principale.
→ Extra thin aluminum shelves suspended from layers of fabric. Feuilles d'aluminium accrochées à des bandes de tissu.
↘ Detail of purse display. Quatre présentoirs.
↘↘ Exterior view from street side. Vue de l'extérieur.

LONG

Typical of Japanese interior design is...

# to use innovative materials to symbolize a new era.

# Taya Ginza

## CHIBA Manabu

**Location:** Chuo-ku Tokyo, Japan. **Client:** Haberdasher Taya, Co. LTD, Japan. **Completion:** 2010. **Main function:** Shop. **Materials:** Vibration finish stainless steel, mirrors and ebony wood.

The client (a clothing store for men with history for more than a century) has asked the architects to create a façade which blends into the urban environment, and a simple and functional interior. The various decorative elements (displays, mirrors and cupboards) follow a linear order to save space. The ground floor includes a multilevel structure that helps attract passersby. The first floor houses a reception area opening onto the street. At all stages, the various decorative elements create opportunities towards the inside and outside. These items were made in two materials: wood, used in the shop for over a century, and stainless steel, which symbolizes the opening to the future.

Le client (un magasin d'habillement pour messieurs plus que centenaire) a demandé aux architectes de créer une façade s'intégrant à l'environnement urbain, ainsi qu'un intérieur simple, fonctionnel et compatible avec une expansion ultérieure. Les différents éléments de décoration (présentoirs, miroirs et placards) suivent un schéma linéaire de manière à gagner de l'espace. Le rez-de-chaussée intègre une structure multiniveaux qui contribue à attirer les passants. Le premier étage abrite un espace de réception largement ouvert sur la rue. À tous les étages, les différents éléments de décoration créent des perspectives vers l'intérieur et l'extérieur. Ces éléments ont été réalisés en deux types de matériaux : le bois, utilisé dans la boutique depuis plus d'un siècle, et l'acier inox, qui symbolise l'ouverture vers l'avenir.

← Ebony wood covers interior surfaces. Revêtements muraux en ébène.

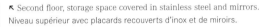

↖ Second floor, storage space covered in stainless steel and mirrors.
Niveau supérieur avec placards recouverts d'inox et de miroirs.
↑ Front façade clad in stainless steel. Façade sur rue en inox.
← Detail of ties' display. Espace de vente des cravates.
→ Interior view. Intérieur.
↘ Floor plans. Plans des différents niveaux.
↘↘ Exterior view from street side. Autre vue de la façade sur rue.

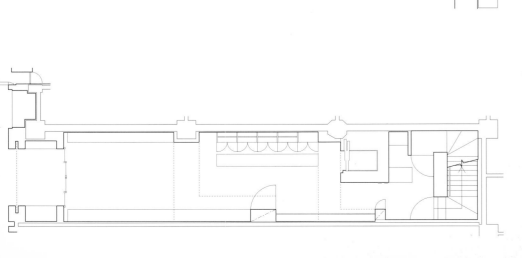

Typical of Japanese interior design is...

# to deceive the eye with simple details.

# shortcut/ Jin's Global Standard Nagareyama

## Ryuji Nakamura & Associates

**Address:** Nagareyama-otakanomori SC 2F, 6-185-2, Nishihatsuishi, Nagareyama-shi, Chiba, 270-0121, Japan. **Client:** JIN CO., LTD. **Completion:** 2007. **Main function:** Optician shop. **Materials:** Mirrors, paints and stains (ceiling), emulsion paint (walls) and urethane paint (floors).

The store is a visual curiosity, distinguished by a series of 90 centimeters-wide, 3 meters-high corridors. Formed by freestanding parallel walls that slice across the interior at a 45-degree angle, these deep passages invite customers to slip in for a peek or simply take a shortcut through the shop. The absence of doors – and the enticement of 1,500 pairs of glasses to try on – welcomes everyone. Here, production takes place in a narrow, L-shaped zone along the square space's two inner faces. Cleverly and compactly sequestered behind walls, one leg contains waiting and eye-exam areas, and the other lens-molding and service counters, where customers place and pay for their orders. The corridors stand evenly spaced between a triangular pillar at the cash register and an encased structural column bearing subtle signage at the shop's outermost corner.

Cette boutique se distingue par ses murs-présentoirs hauts de plus de trois mètres, espacés de quatre-vingt-onze centimètres, disposés en diagonale et parallèles entre eux. Cette disposition particulière invite les clients à parcourir l'espace pour y choisir une paire de lunettes parmi les 1500 modèles exposés. On peut également s'y promener librement puisque la boutique est ouverte sur deux côtés, les deux autres formant un espace en forme de L abritant les différents services commerciaux : un côté est occupé par la salle d'attente, l'autre par le comptoir et un espace d'ophtalmologie et de préparation des lunettes hors de vue des clients. Les murs-présentoirs sont disposés à intervalle régulier entre un second comptoir de forme triangulaire et une colonne portant tout un ensemble de signes qui se dresse dans le coin opposé.

← Glasses display. Gros plan sur les présentoirs à lunettes.

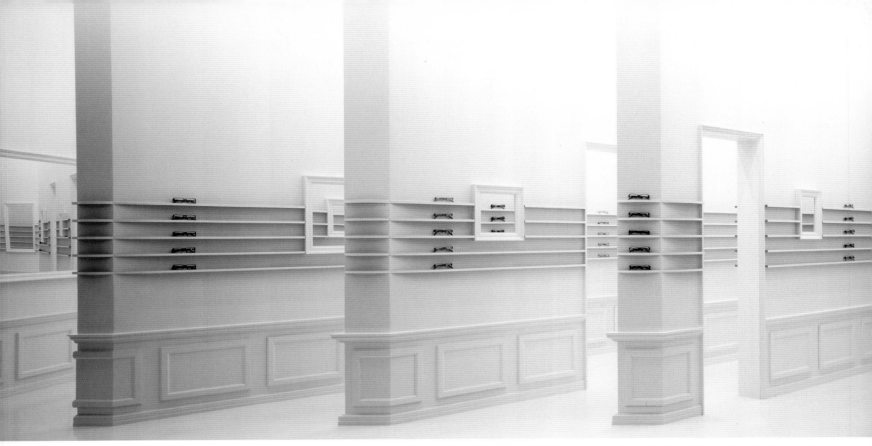

↖ Glasses are displayed on the wall like a pattern of wallpaper and mirrors are hanged up like pictures. Murs-présentoirs pourvus de miroirs encadrés.

← Circulation routes cut through the walls with 61 centimeter-wide doorways. Enfilade des portes de soixante-et-un centimètres de large percées dans les murs-présentoirs.

→ Obliquely arranged walls. Murs-présentoirs disposés en diagonale.

↘ View to hanging mirrors. Gros plan sur un miroir encadré accroché à un mur-présentoir.

↘↘ Floor plan. Plan.

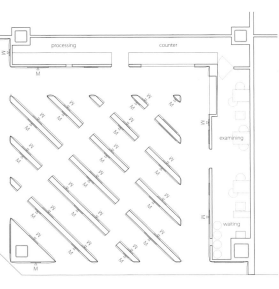

processing

counter

examining

waiting

Typical of Japanese interior design is...

to create an abstract environment.

# Uniqlo Megastore

CURIOSITY/ Gwenael Nicolas

**Location:** Tokyo, Japan. **Completion:** 2009. **Main function:** Shop. **Materials:** Glass floor, mirrored aluminum and ceramic tile.

The new Uniqlo Megastore adds a civic dimension to its commercial purpose. The vertical displays of the entrance are reflected on the mirrored wall creating an amazing gallery of displays, a maze of multiple reflections, the tower seeming to be inserted within the interior of the shop. The challenge of the interior is for it not to 'exist'. Only the clothes should be visible. Display furniture is not only reduced to the minimum but also "designed" to be non-existent with materials selected for their immateriality. A lighting ceiling, displays and counters work together to remove the shadows creating an abstract retail environment where products and customers seem to float in a white glow.

La décoration de cette boutique ajoute une dimension sociétale à la fonction commerciale. Les vitrines-colonnes qui se dressent près de l'entrée se reflètent sur des murs couverts de miroirs, les multiples reflets visant à relever le défi lancé à l'architecte : dématérialiser l'intérieur afin de mieux mettre les produits en évidence. C'est pourquoi on a choisi un design minimaliste, allié à des matériaux largement « immatériels ». De plus, un plafond lumineux et des présentoirs et comptoirs peints en blanc contribuent à gommer les ombres, de sorte que produits et consommateurs semblent flotter dans cet espace de vente parfaitement abstrait.

← Display towers. Vitrines-colonnes.

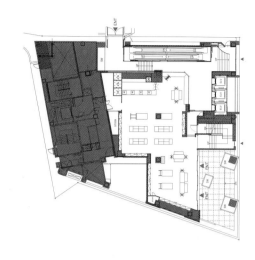

←← Entrance display towers. Vitrines-colonnes près de l'entrée.
↙↙ Exterior view. Extérieur.
↙ Detail of gallery of displays. Autre vue des vitrines.
↖ White interior with lighting ceiling, displays and counters. Plafond lumineux, présentoirs et comptoirs blancs.
↑ Floor plan. Plan.
↙ Contrast between interior and products. Contraste entre l'intérieur et les produits.
↓ Glass tower display. Autre vue des vitrines-colonnes.

Typical of Japanese interior design is...
## to create visual and physical boundaries of the environment.

# Sunaokuwahara

Steve Lidbury Design

**Location:** Tokyo, Japan. **Completion:** 2006. **Main function:** Shop. **Materials:** Scaffold wood and mortar mixed with traditional "sumi" calligraphy ink powder, glass paneling and mirror finishes.

Essential to any high quality interior, the balance and combination of different materials has proved key to the concept. This project has created not only an engaging contrast of roughness and smoothness, matt and gloss, depth and transparency, permanence and ethereality; but has also formed clean divisions and intersections of coherent light spatial volumes. It is the exploration of the visual and physical boundaries of the environment that suggests a new language of the built domain within a commercial context. This affords visitors a subtly shifting environment as they journey throughout the shop; a series of dynamic views emerge and encourage exploration and anticipation.

Le concept développé par l'architecte s'appuie ici sur une idée essentielle du design d'intérieur de qualité : l'utilisation de matériaux différents. Il se caractérise par l'alliance harmonieuse de surfaces lisses et rugueuses, mates et brillantes, ainsi que par le contraste entre profondeur et transparence, persistance et caractère éthéré, le tout dans des volumes cohérents clairement cloisonnés. L'exploration des limites visuelles et physiques de l'espace suggère un nouveau langage architectural appliqué à un contexte commercial. En conséquence, les clients découvrent un environnement subtilement changeant lorsqu'ils parcourent la boutique : des perspectives dynamiques se succèdent et invitent chacun à anticiper et explorer cet espace surprenant.

← Interior view. Intérieur.

↖ Detail of glass table displaying clothes. Gros plan sur une table-présentoir.
← View to hanging rod. Tringle à habits.
→ Hanging clothes seem to be floating across the interior. Produits semblant flotter en l'air.
↘ Mirror adding to the illusion of the clothes floating in space. Miroirs renforçant l'impression de flottement.
↘↘ Fitting rooms. Cabines d'essayage.

Typical of Japanese interior design is...
to reinterpret nature with the
use of different materials.

# Karis

suppose design office

**Location:** Higashi Hiroshima city, Hiroshima, Japan. **Client:** Ka.zu.in Ltd. **Completion:** 2010. **Main function:** Shop. **Materials:** Cardboard tubes, glass and concrete.

The space is for shopping but also for holding events. The concept of the store is space that is changing its view or atmosphere depending on where you are standing, such as caves or limestone caves. At some points the place offers a view to the end of the store, and also it has an area surrounded by the inner partitions. The experience walking through the artificial yet random space would be close to something like walking in nature. The purpose of the design is to offer a new shopping experience that people could see products through strolling in nature.

Cet espace conçu pour la vente et l'organisation de manifestations diverses se base sur un concept inspiré des grottes à stalactites offrant des perspectives toujours changeantes en fonction de l'endroit où l'on se trouve. Le regard embrasse toute la boutique en certains points, mais bute sur des cloisonnements en d'autres. Parcourir cet espace artificiel mais aléatoire s'apparente ainsi à une promenade dans la nature. Tel est bien l'objectif recherché par les décorateurs : offrir un nouveau type d'expérience aux consommateurs en leur permettant de découvrir les produits comme s'ils étaient exposés dans un environnement naturel.

← Cardboard tubes as partitions within the space. Tubes en carton divisant l'espace.

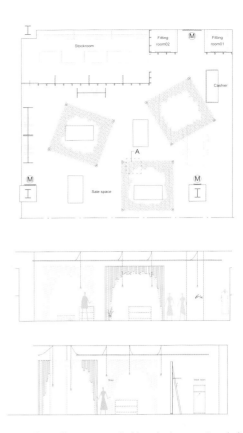

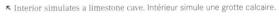

↖ Interior simulates a limestone cave. Intérieur simule une grotte calcaire.
↑ Floor plan and sections. Plan et vues en coupe.
← Glass tables displays. Tables-présentoirs en verre.
→ Interior view to cardboard tubes. Autre vue des tubes en carton.

Typical of Japanese interior design is...
to create a fuctional,
yet creative space with
natural materials.

# Aesop Tokyo Aoyama Shop

## Schemata Architecture Office

**Location:** Tokyo, Japan. **Client:** Aesop. **Completion:** 2010. **Main function:** Shop. **Materials:** Used wood panels, glass and concrete.

This shop is located in a renovated district of Aoyama, where a produce store used to stand; the renovation project largely incorporates wasted materials from an abandoned house in Nakano-ku to create a simple retail space that fuses the traditional with the modern. Approaching the design process in an almost formulaic manner, Nagasaka combined the skeleton of the produce store, materials of the soon-to-be-demolished "Murazawa House", and the transformative behavior of architecture in which new purposes and programs arise from old sets, to create a transparent store that reflects Aesop's range of hair and skin products. The display stands are constructed from bundles of wood columns from the old residence; the shelves are created from used wooden panels; details such as the door handles, washroom mirrors, and testing stations all incorporate recycled materials.

Cette boutique se trouve dans un bâtiment rénové du quartier d'Aoyama. Le designer Jo Nagasaka y a fait un large usage de matériaux de récupération lors des travaux de rénovation qui lui ont été confiés, créant ainsi un lieu faisant une synthèse entre l'ancien et le moderne. Nagasaka a associé la carcasse du bâtiment d'origine et les matériaux récupérés à la maison Murazawa, et cela dans une approche architecturale « transformative » visant à générer un nouveau type d'utilisation et à créer une boutique dont la transparence corresponde à l'image des produits pour la peau et les cheveux de la marque Aesop : les présentoirs intègrent des colonnes en bois de récupération, les étagères ont été réalisées avec des planches elles aussi récupérées, nombre d'éléments tels que les poignées de portes et les miroirs des lavabos ont été recyclés.

← View to pivoting door at entrance. Zone d'entrée avec porte pivotante.

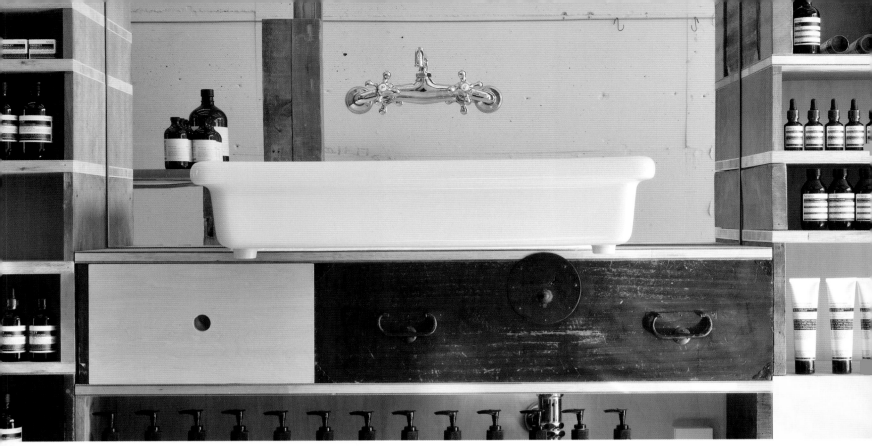

↑ Detail of sink. Gros plan sur l'évier.
← Used wooden panels shelves. Étagères en bois recyclé.
→ Glass counter. Comptoir en verre.
↘ Interior view. Intérieur.
↘↘ Floor plan and section. Plan et vue en coupe.

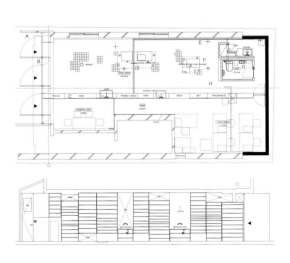

Typical of Japanese interior design is...
**to merge simplicity with playfulness.**

# foundation/ Jin's Global Standard Kobe-Kita

## Ryuji Nakamura & Associates

**Address:** AEON Kobe-kita SC 2F, 8-1-1, Kodudai, Kita-ku, Kobe-shi, Hyogo, 651-1515, Japan. **Client:** JIN CO., LTD. **Completion:** 2006. **Main function:** Optician and furnishing shop. **Materials:** Concrete and lauan plywood (walls).

Foundation/Jin's Global Standard 170 square meter eyeglass shop is situated within a suburban shopping center in Kobe. Concrete slabs rise from the foundation and subdivide the shop's interior; the ledges provide space for assorted eyeglass displays. The shop is encased in white emulsion-painted walls that are randomly decorated with over 1,000 pieces of walnut wood slabs thinly sliced into 20 different patterns. Lauan plywood display shelves line the whimsical walls. Tables and furniture sculpted from plywood are arranged throughout the space to serve as display surfaces and are also for sale. The playful walls are mimicked in the lighting design with bare bulbs that dangle from the ceiling.

Cette boutique de cent-soixante-dix mètres carrés se trouve dans un centre commercial de la banlieue de Kobe. L'espace est divisé par des murets en béton servant de présentoirs à lunettes. Plus d'un millier de fines tranches découpées dans des troncs de noyer selon une vingtaine de formes différentes agrémentent les murs et le plafond peints en blanc. Des étagères en contreplaqué « luan » sont disposées le long des murs. Des tables et des sièges, également en contreplaqué et servant de présentoirs supplémentaires, sont éparpillés dans l'espace. Des lampes sans abat-jour accrochées au plafond reprennent le style enjoué des murs.

← Interior view of plywood tables and furniture product displays. Meubles en contreplaqué et présentoirs en béton.

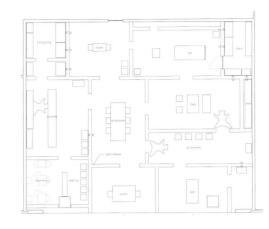

↖ View to bare bulbs dangling from the ceiling. Vue générale avec lampes sans abat-jour accrochées au plafond.
↑ Floor plan. Plan.
← Detail of low concrete walls displays. Gros plan sur les présentoirs en béton.
→ Interior view. Autre vue de l'intérieur.

Typical of Japanese interior design is...
# to use organic forms and cutting edge design.

# FlatFlat in Harajuku

## SAKO Architects

**Location:** Tokyo, Japan. **Completion:** 2008. **Main function:** Shop & Showroom. **Materials:** Neon tubes (ceiling illumination) and mortar floor.

This shop is based on the concept of "the future park" and aims to combine a virtual element with real space accessible to anyone. The designers attempted to create a space where people feel like snuggling up to the organic form that curves based on human body dimensions. On the other hand, the "inorganic principle" consisting of white wall surface fixtures, neon tubes of ceiling illumination and mortar floor creates a virtual element and it is contrasted with the orange and yellow colors which create a sense of warmth. They stimulate the curiosity of the visitors by synergy with the forms of the fixtures and lead them to the inner part of the narrow space.

Cette boutique basée sur le concept de « parc du futur » associe le virtuel à un espace réel accessible au public. L'objectif du designer était d'inviter les gens à se blottir dans un décor organique inspiré des courbes du corps humain, auxquelles s'ajoute une dimension virtuelle générée par le blanc des murs, les néons du plafond et le revêtement de sol en ciment, qui contrastent avec des teintes jaune et orange générant une sensation de chaleur. La synergie des formes stimule la curiosité du public et invite chacun à pénétrer plus avant dans cet espace tout en longueur.

← Ceiling with neon tubes illuminating interior. Intérieur avec tubes au néon accrochés au plafond.

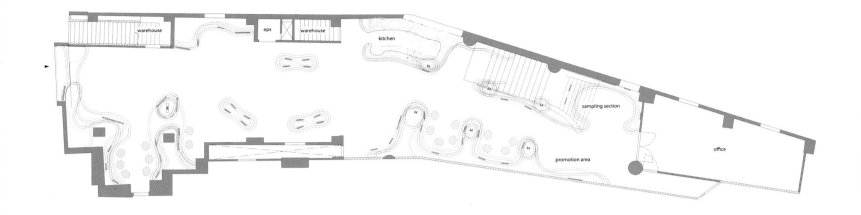

↑ Floor plan. Plan.
← View to concrete staircase. Vue en direction de l'escalier en béton.
→ Screen displays mounted in the organic interior. Écran numérique
intégré au design organique.

Typical of Japanese interior design is...
to create a sense of movement
throughout the space.

# Puma

nendo

**Location:** Tokyo, Japan. **Completion:** 2010. **Main function:** Shop & Pressroom. **Materials:** Timber wood and concrete.

The Puma shop combines a pressroom and event space in one open area. The main structural theme throughout the interior is staircases. Within these, architectural elements are installed around the existing features of the multipurpose area which is used for events, exhibitions, fittings, media events, product launches etc. Their use is not only for the purpose of climbing, but they also function as display areas for puma sneakers. The overall effect of seeing a labyrinth of staircases reminds us that we need to continuously exercise our bodies daily. Visually it also brings us back to puma's relationship to sports and athletics. The placement of the staircases provides a sense of movement throughout the interior, enabling a three-dimensional product display that fully uses its environment.

Cette boutique inclut un espace ouvert polyvalent pouvant servir de salle de conférence ou accueillir des manifestations diverses telles qu'expositions, événements médiatiques ou lancement de nouveaux produits. La décoration a pour thème principal les escaliers, soit véritables, soit sous forme de présentoirs pour les chaussures. Le décorateur a choisi ce thème pour nous rappeler la nécessité de faire des exercices physiques tous les jours, ce qui correspond bien à l'image sportive de la marque Puma. De plus, les escaliers-présentoirs en trois dimensions génèrent un mouvement à l'intérieur de la boutique et tirent le meilleur parti de l'environnement commercial.

← Timber wooden staircase, entrance. Entrée et escalier en bois.

↖ Detail of staircase display wrapping around column and wall.
Présentoirs en escaliers accrochés au mur et à la colonne centrale.
↑ View to puma sneakers displays and seating area. Présentoirs et
sièges.
← Pressroom area. Salle de conférence.
→ Timber wooden stairs. Escaliers en bois.
↘ Interior view. Intérieur.

Typical of Japanese interior design is...
gentle curves create a
harmonious interior.

# Double OO '09

## CASE-REAL/ Koichi Futatsumata

**Location:** 101 Flaps 1-3-6 Daimyo Chuo-Ward Fukuoka 810-0041, Japan. **Client:** Alohanine. **Completion:** 2009. **Main function:** Shop. **Materials:** Timber wood and concrete.

The curving wall of this impressive boutique draws pedestrians inside, where they stand beneath its vaulted ceiling in a rather cave-like space that resembles a minimalist house. The designer focused on expressing the richness of the space by emphasizing the lines and planes of the interior. The result is a retail environment in which the items on display are shrouded in an aura of simplicity. One gentle curve expands obliquely into the inside considering the view from the street in front and the movement line and another light curve of the ceiling link three-dimensionally.

Un mur incurvé incite les passants à entrer dans cette boutique, où ils découvrent un espace à demi voûté au design minimaliste qui évoque une cave. L'architecte s'est efforcé de mettre en valeur la richesse de l'espace en soulignant les lignes et les plans. Avec pour résultat une boutique où les produits sont proposés dans une ambiance empreinte de simplicité. Deux courbes dominent le concept : celle du mur disposé en oblique par rapport à la rue et celle du plafond qui assure le lien avec la troisième dimension.

← Interior view. Intérieur.

↑ Gentle curved wall expands obliquely. Mur incurvé.
← Shoe display. Présentoirs pour chaussures.
→ Ceiling is also curved along the length of the shop. Plafond lui aussi incurvé sur un bord.
↘ Floor plan. Plan.

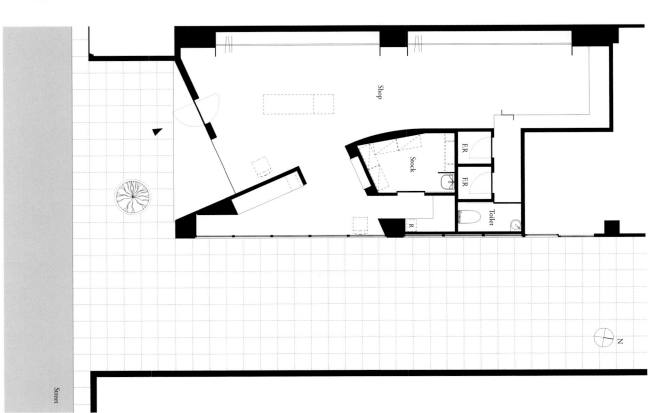

Shop

Stock

ER

ER

Toilet

R

Street

Z

# Index

**Picture Credit | Crédits photos**

Courtesy of 1980/ Takuya Hosokai 70–73, Courtesy of Ali Rahim and Hina Jamelle/ Contemporary Architecture Practice 78–81, Jimmy Corhssen 28–31, Daici Ano 14–17, 18–21, 56–59, 170–173, 198–201, Alessio Guarino 186–189, Hiroshi Mizusaki 158–161, 202–205, Courtesy of Hiroyuki Miyake 36–39, Courtesy of Jun Igarashi Architects 124–127, Ishiguro Photographic Institute, Courtesy of Toyo Ito & Associates 86–89, Kai Nakamura 116–119, Courtesy of Katsuhiro Miyamoto & Associates 90–93, Kei Sugino 96–99, Ken'ichi Suzuki 62–65, Kentaro Takeguchi 104–107, Masao Nishikawa 100–103, 108–111, 112–115, 148–151, 166–169, Toshiyuki Yano/ Nacása & Partners Inc. 52–55, 82–85, 136–139, 182–185, Nacása & Partners Inc. 10–13, 24–27, 152–155, 162–165, 174–177, Ryuji Nakamura 172–173, Sadamu Saito 74–77, Chikao Todoroki/ Sasaki Studio 194–197, Courtesy Seki Architect Office 32–35, Sunao Kuwahara 178–181, Courtesy of Takeshi Hosaka Architects 148–151, Takumi Ota 48–51, 132–135, 144–147, 190–193, K. Torimura 140–143, Toshiyuki Yano 120–123, Courtesy of UID architects 66–69, Courtesy of Yasutaka Yoshimura Architects 44–47.

All other pictures, especially plans, were made available by the architects.

Cover photo: Takumi Ota